Mein schöner
Bauerngarten

BÄRBEL STEINBERGER

Blumen-
pracht
und reiche
Ernte

Mein schöner
Bauerngarten

Anhang

Brauchtum und Aberglaube 124

Arbeiten im Jahreslauf 144

Das nützliche Paradies

Die neue Lust am Bauerngarten

Bauerngarten – eine Modeerscheinung?

Frisches Gemüse ohne Ende, üppige Blumen wild durcheinander, der Duft von Kräutern und das stille Grün des Buchsbaums – das ist in etwa das Bild, das man vor Augen hat, wenn man vom Bauerngarten spricht.

Ein neues Naturbewusstsein bringt den Wunsch nach natürlicher Gartengestaltung mit sich. Vor allem auf dem Land, wo noch ein Funken an Traditionsbewusstsein mit diesen und jenen Bräuchen vorhanden ist.

Aber was ist eigentlich ein Bauerngarten? Wie schaut er aus? Um diese Fragen beantworten zu können, befassen wir uns zunächst einmal mit der Geschichte des Bauerngartens. Denn nur mit Kenntnis seiner geschichtlichen Entwicklung lässt sich das Phänomen Bauerngarten erklären. Er ist auch ein Spiegel der Geschichte, denn er änderte sich ebenso wie seine Zeit.

Dieses Buch möchte den Leser dazu anregen, sich näher mit dem Thema zu befassen, damit er nach dem Vorbild traditioneller Gärten und aufgrund der vorhandenen Gegebenheiten seine eigenen Vorstellungen entwickeln kann.

Bauerngärten einst und jetzt

Versucht man Bauerngarten zu definieren, so tut man sich schwer, denn unter diesem wohlklingenden Namen wird sehr Verschiedenes verstanden. Der kleine, ärmliche Garten am »Häusl« des Bauern im Bayerischen Wald fällt ebenso darunter wie der großzügig angelegte am Vierseithof des reichen Rottalbauern oder das von dichten Buchenhecken umgebene Gartenstück neben dem reetgedeckten Bauernhaus in Niedersachsen. Ursprünglich diente der Bauerngarten der Sicherung der Ernährung und Gesunderhaltung der Landbevölkerung. Gemüse und Pflanzen mit heilender Wirkung bildeten den Hauptbestandteil. Aber auch zur Anzucht vieler Pflanzen des bäuerlichen Lebens und Brauchtums wurde er benötigt. Und nicht zuletzt war der Bauerngarten eine Zierde des Hofes und der Stolz der Bäuerin. Ein manchmal mehr, manchmal weniger verzierter Nutzgarten also, der als selbstverständlicher Teil des Bauernhofes galt und von der Bäuerin zum Nutzen der Familie gepflegt wurde.

In der heutigen Zeit besteht der Reiz des Bauerngartens in seiner Vielseitigkeit bei gleichzeitig einfacher, aber zweckmäßiger Anlage sowie in seiner Verkörperung einer naturbewussten Lebenseinstellung. Er verbindet also das Nützliche mit dem Schönen. So kommt es, dass er gerade heute interessant ist und als Vorbild für neue Gartengestaltung dient, wenn auch der Trend mehr zum Zier- als zum Nutzgarten geht.

Doch die grundlegenden strukturellen Veränderungen im dörflichen Bereich – von der traditionellen agrarischen zu einer mehr und mehr industriell ausgerichteten Wirtschaftsweise hin – haben auch vor diesem einstigen Imperium der Bäuerin nicht haltgemacht. War der Bauerngarten in früheren Zeiten dringend notwendig zur Versorgung mit Gemüse, Gewürzen und Heilpflanzen, soll er heute lediglich den Speisezettel ergänzen, aber dafür umso mehr Auge und Herz erfreuen und somit Erholung für Körper und Geist bieten. Warum als nicht wieder einen »verzierten« Nutzgarten nach traditionellen Vorgaben anlegen?

Vom Versorger- zum Genießergarten

Der Bauerngarten ist unbestreitbar ein wichtiges Kulturdenkmal, das allerdings in manchen Bereichen noch wenig erforscht ist. Im Gegensatz zu den Gärten der Mächtigen und Gelehrten, von denen Aufzeichnungen vorhanden sind, wurde der Bauerngarten als so selbstverständlich, ja geradezu gewöhnlich angesehen, dass man es nicht für nötig befand, sich mit ihm zu beschäftigen. Bei Nachforschungen ist man daher heute auf alte Schriften, Pläne, Bilder und mündliche Auskünfte angewiesen und kann nur versuchen, aus vielen Bruchstücken etwas Ganzes zusammenzusetzen, was sich oft als sehr schwierig erweist.

Wie alles anfing

Um die Anfänge des Bauerngartens kennen zu lernen, muss man sich in jene altgermanische Zeit versetzen, ehe sich die römische Kultur nach Norden ausbreitete.

Um sich langes Suchen zu ersparen, hegte der einfache Mensch jener Zeit, der vorwiegend von Viehzucht und Jagd lebte, Kräuter und Bäume in seiner nächsten Umgebung und schützte schließlich dieses Stück Land durch eine rohe Umhegung gegen das Eindringen von Tieren. Dieses sogenannte Hausland bildete mit der Hofstatt dasjenige Stück Land, auf dem das Sondereigentum der Germanen an Land einsetzte – im Gegensatz zu Feld, Wiese und Wald, die den gemeinsamen Sippenbesitz bildeten. Es war ein Stück Nutzland, auf dem nach erfolgter Sesshaftigkeit in bescheidenem Umfang die ersten Gemüsepflanzen als Zukost zur Brotfrucht, ferner Gespinst- und Färbepflanzen und einige wenige Obstbäume angebaut wurden.

In diesem Hausland kann man wohl die ersten Anlagen des späteren Gartens sehen, bedeutet doch das Wort »Garten« ursprünglich nichts anderes als Umfriedung, Gehege, Zaun.

Die Rose kam aus den Klöstern, den einstigen Zentren der Gartenkultur, in den Bauerngarten.

Ursprüngliches Pflanzeninventar

Welche Pflanzen bildeten nun den bescheidenen Bestand der ersten primitiven »Bauerngärten«? Abgesehen von wenigen Ausnahmen waren es vor allem solche, die reich an Zucker, Stärke und Fett sind, also der Ernährung dienen. Neben diesen Nahrungspflanzen fanden allerdings auch narkotisch wirkende und daher zu Heilzwecken benutzte Pflanzen Aufnahme ins Hausland, so unter anderem Mohn, Hanf und Nachtschatten. Der germanische **Obstbau** war recht ärmlich. Der einzige von den Germanen vor dem Einfall der Römer kultivierte Obstbaum war der Apfelbaum. Alle anderen Früchte wurden von wild wachsenden Bäumen und Sträuchern gesammelt – zum Beispiel Holzbirnen, Hagebutten, Waldbeeren und die Beeren des wild wachsenden Weines. Die meisten Obstbäume lernten die Germanen erst durch die Vermittlung der römischen Kultur und durch die kolonisatorische Tätigkeit der Mönche kennen. Ihr Platz war dann auch ein eigener Baumgarten. Für Zierbäume hatte der Bauer von damals noch keinen Sinn. Nur Eibe, Wacholder und Holunder gehörten zum Gartengut und fanden auch für verschiedene Zwecke Verwendung. Überblickt man die angeführten Arten, so ergibt sich aus diesem geringen Pflanzenbestand das Bild, wie man sich den deutschen Bauerngarten um das 6. Jahrhundert vorzustellen hat.

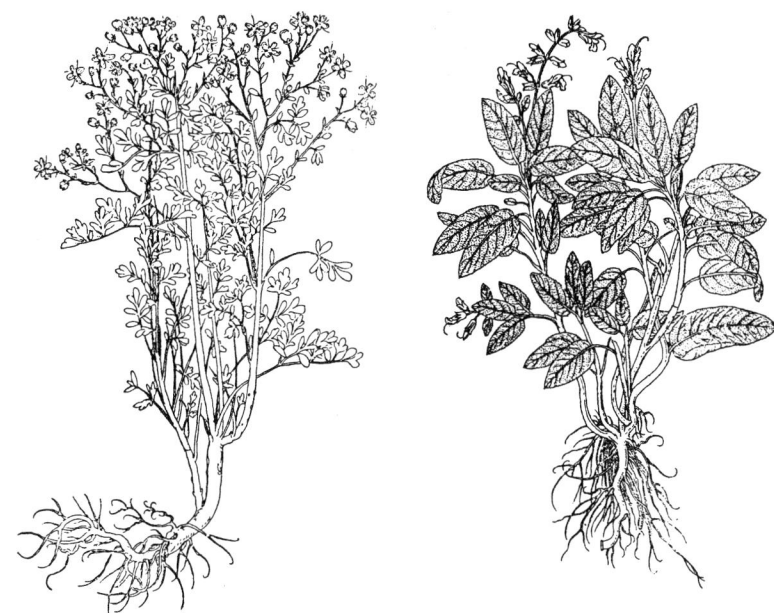

Neben vielen anderen mediterranen Pflanzen brachten die Römer auch Raute (links) und Salbei (rechts) mit über die Alpen.

Die Römer kommen

Römische Ansiedlungen wurden in der Folgezeit wichtige Ausgangspunkte für das Vorrücken vieler neuer Pflanzen in den noch recht bescheidenen Bauerngarten. Denn mit den römischen Legionen kam auch die hoch entwickelte Gartenkultur Italiens über die Alpen. In den Jahrhunderten römischer Invasion in Germanien fanden viele Pflanzen eine weite Verbreitung über die Alpen nach Mittel-, ja bis nach Nordeuropa hinein. Ebenso brachten die Mönche in der Zeit der beginnenden Christianisierung durch die Anlage von Klöstern und **Klostergärten** sowie ihre kolonisatorische Tätigkeit viele bis dahin unbekannte

Gewächse in ihrem Gefolge mit. Einen großen Teil dieser Pflanzen findet man bereits in den Werken antiker Schriftsteller beschrieben und ihre Verwendung, vor allem als Heilmittel, erwähnt. Die Römer hatten eine große Kenntnis der Heilpflanzen, übernahmen viel Wissensgut von den Griechen und erweiterten das Wissen auf diesem Gebiet beachtlich. Die Beeinflussung durch römisches Kulturgut und römische Lebensweise ist unbestreitbar, auch wenn konkrete Zeugnisse mit dem Untergang des Römischen Reiches und der darauffolgenden Völkerwanderungszeit verloren gingen. Geblieben sind die Namen vieler Obstarten und Gartenkräuter, die Lehnwörter aus dem Lateinischen sind. Es sei hier nur an die Obstnamen Kirsche (lat. *ceresia*) und Pfirsich (lat. *persicum*) sowie an die Gewürze Petersilie (lat. *petroselinum*), Fenchel (lat. *foeniculum*) und Liebstöckel (lat. *lubisticum*) erinnert.

Das »Capitulare« – oder was alles hineingehört

Da sich die mittelalterliche Literatur über Gestaltung und Pflanzen des Bauerngartens so gut wie ausschweigt, ist man angewiesen auf Vergleiche mit angrenzenden Bereichen, zum Beispiel den literarisch besser dokumentierten Gartenanlagen der Klöster und der kaiserlichen Domänen. Diese sind zwar nicht ohne Weiteres den Bauerngärten gleichzusetzen, ein enger Zusammenhang erscheint aber doch selbstverständlich, wenn man bedenkt, dass Klöster und Landgüter mit ihrer weiterentwickelten Kultur schon immer von den einfacheren Menschen zum Vorbild genommen wurden.

Mit der **Landgüterverordnung** Karls des Großen (768–814), dem »Capitulare de villis et imperii Caroli Magni«, liegt eine wichtige Quelle vor. Diese Verordnung liefert Erkenntnisse über den gärtnerisch-botanischen Wissensstand jener Zeit. Im 70. Kapitel sind sämtliche Gartenpflanzen aufgezählt, deren Anbau und Verwendung auf den kaiserlichen Gütern empfohlen bzw. verordnet wird. Dass in dieser Landgüterverordnung zahlreiche mediterrane Pflanzen wie Lorbeer, Feige und Ros-

---

70

Volumus quod	Wir wollen,
in horto omnes	daß sich in den
herbas habeant,	Gärten alle die
id est lilium,	nachgenannten
rosas,	Gewächse finden:
fenigrecum,	Lilien; Rosen;
costum, salviam,	Bockshornklee;
rutam, abrotanum,	Frauenminze; Salbei;
cucumeres,	Gartenraute;
pepones,	Eberraute; Gurken;
cucurbitas,	Gurken oder
fasiolum,	Melonen (?);
ciminum,	Flaschenkürbis?;
ros marinum,	Vietsbohnen;
careium,	Römischer Kümmel;
cicerum italicum,	Rosmarin;
squillam,	Gemeiner Kümmel;
gladiolum,	Kicher; Meerzwiebel;
dragantea,	Gemeine Siegwurz;
anesum,	Dragon; Anis;
coloquentidas,	Koloquinthen;
solsequiam,	vielleicht Momordica

mismalvas,	Haselwurz; Eibisch;
id est altaea,	Rosenpappel;
malvas, carvitas,	Möhre; Pastinak;
pastenacas,	Gartenmelde; Spinat;
adripias, blidas,	Kohlrabi; Kohl;
ravacaulos,	Perlzwiebel?;
caulos, uniones,	Schnittlauch; Porree;
britlas, porros,	Rettich; Schalotten;
radices, ascalonicas,	Zipollen; Knoblauch;
cepas, alia,	Krapp; Weberkarde;
warentiam,	Pferdebohne;
cardones,	Türkische Erbsen?;
fabas maiores,	Koriander; Garten-
pisos mauriscos,	kerbel; Wolfsmilch?;
coriandrum,	Scharlei?;
cerfolium, lacteridas,	Auf dem Dache des
sclareiam.	Gärtnerhaufes foll
Et ille	Hauswurz stehen.
hortulanus	An Bäumen und
habeat super	Sträuchern wollen
domum suam Iovis,	wir, daß vorhanden
barbam. feien:	Apfelbäume
De arboribus	verschiedener Art;
volumus quod	Birnbäume

ameum, silum,	elaterium,
lactucas, git,	Spring-Gurke?;
eruca alba,	Zichorie; Amai?;
nasturtium,	Laserkraut?;
parduna,	Lattich;
puledium,	Git, Schwarzkümmel;
olisatum,	Senfkohl?;
petresilinum,	Gartenkresse;
apium,	Klettenwurzel?;
levisticum,	Polei?;
savinam, anetum,	Schwarzer Kohl;
fenicolum,	Petersilie;
intubas,	Sellerie;
diptamnum,	Liebstöckel;
sinape,	Sadebaum; Dill;
satureiam,	Fenchel; Zichorie;
sisimbrium,	Diptam; Ackersenf?;
mentam,	Bohnenkraut;
mentastrum,	Krauseminze?;
tanazitam,	Wasserminze; Rosen-
neptam,	minze?; Rainfarn;
febrefugiam,	Katzenminze;
papaver, betas,	Tausendgüldenkraut;
vulgigina,	Mohn; Mangold;

habeant pomarios	verschiedener Art;
diversi generis,	Pflaumenbäume
prunarios diversi	verschiedener Art;
generis,	Vogelbeerbäume;
sorbarios,	Mispelbäume;
mespilarios,	Kastanien; Pfirsich-
castanearios,	bäume verschiedener
persicarios,	Art; Quitten;
diversi generis,	Haselnüffe; Mandel-
cotoniarios,	bäume; Brom- und
avellanarios,	Himbeeren?;
amandalarios,	Lorbeerbäume;
morarios, lauros,	Eiben?; Feigen;
pinos, ficus,	Walnußbäume;
nucarios,	Kirschen
ceresarios	verschiedener Art;
diversi generis,	die Namen der Apfel-
Malorum nomina:	forten find:
Gozmaringa,	Gozmaringer,
Geroldinga,	Geroldinger;
Crevedella,	Crevedeller und
Sperauca,	Speieräpfel, füße
dulcia,	und fäuerliche,
acriores,	durchweg Dueräpfel;

omnia servatoria;	auch folche,
et subito	die sich nicht
comessura;	aufbewahren laffen;
primitiva.	Frühäpfel.
Perariciis	Endlich drei bis
servatoria trium	vier Arten von Obst,
et quartum genus,	das sich besonders
dulciores et	zum Trocknen und
cocciores et	Einmachen eignet:
serotina.	füßeres Frühobst
	zum Einkochen und
	fpätreifes Obst.

Ein Fragezeichen hinter dem Namen der Gewächse foll besagen, daß die Deutung unficher ist.)

marin aufgelistet werden, die im rauen Klima Mitteleuropas nicht gedeihen, führen einige Wissenschaftler darauf zurück, dass diese Verordnung eventuell nicht von Karl dem Großen, sondern von Ludwig dem Frommen (814–840) erlassen wurde, dessen Krongüter in Aquitanien (Südfrankreich) lagen.

Neuere Quellen weisen allerdings wieder Karl dem Großen die Urheberschaft zu. Die Erwähnung mediterraner Pflanzen begründet man dort damit, dass wohl direkt aus antiken Quellen abgeschrieben wurde, ohne auf die geografischen Verwendungsmöglichkeiten Rücksicht zu nehmen. Das hohe Bildungsniveau der Mönche, die bei der Abfassung wohl federführend waren, erlaubte nämlich gezielte Rückgriffe auf die Erfahrungen des klassischen Altertums.

Wenn die Erwähnung des »Capitulare« bei historischen Betrachtungen gelegentlich als verfehlt bezeichnet wird, so wird dabei übersehen, dass die den kaiserlichen Gütern zugeordneten Höfe von Bauern bewirtschaftet wurden. Diese Verordnung bewirkte, dass sich heute, über tausend Jahre nach ihrem Erlass, der Grundstock an Pflanzen, unabhängig von Landschaften und politischen Grenzen, vom Bodensee bis Finnland bzw. zwischen Westfrankreich und Polen ähnelt. Einen echt »deutschen« Bauerngarten gibt es nicht.

Liest man sich die Liste der 73 Pflanzen durch, so fällt auf, dass sich doch zahlreiche dekorative

Gegen Blitz und Donner

Et ille hortulanus habeat super domum suam jovis barbam – und jeder Gärtner soll sie auf seinem Hause haben, die Hauswurz. So stand es schon im »Capitulare« geschrieben.

Die Donnerwurz, wie sie auch genannt wird, gehört neben der Hasel zu den ältesten und volkstümlichsten »Blitzkräutern«, denen nach altem Volksglauben die Macht gegeben ist, Blitz und Donner abzuhalten. Wie sie zu ihrem Ruf kam, ist nicht leicht zu erklären. Vielleicht war es der rosettenartige Wuchs, ihre rote Blütenfarbe oder der kühlende Saft ihrer dicken Blätter.

Auf das Dach wird man die Hauswurz heute nicht mehr setzen, aber als Beeteinfassung oder in eine alte Keramik- oder Terrakottaschale gepflanzt, gehört sie als uralte Überlieferung unbedingt in den Bauerngarten hinein. Der Fantasie sind keine Grenzen gesetzt, Hauptsache trocken und sonnig hat sie es, denn sie ist ein wahrer Überlebenskünstler.

Pflanzen darunter befinden. Doch weder die roten Rosen noch die Weißen Lilien und auch nicht Salbei, Eibisch oder Malve sind dabei als Zierpflanzen zu werten. Vielmehr sah man einzig auf ihren Nutzen, der zum größten Teil in ihrer Heilkraft bestand.

Die Benediktiner machen es vor

An früherer Stelle wurde bereits erwähnt, dass hinsichtlich Bereicherung, aber auch Anlage von Bauerngärten die Mönche und die klösterliche Gartenkultur von überragendem Einfluss waren. Den Benediktinermönchen, denen ihr »ora et labora« geistige und körperliche Arbeit vorschreibt, ist es in erster Linie zu verdanken, dass die durch die Römer eingeführten Pflanzen weite Verbreitung erfuhren. Und sie widmeten sich nicht nur der Verbreitung besserer Obst- und Gemüsearten, sondern auch der Vermittlung **gartenbaulicher Kenntnisse** und Fertigkeiten wie dem Veredeln der Obstbäume. Auch so manches Wissen über die Verwendung der zahlreichen Heilkräuter wurde durch die Mönche unter das Volk gebracht. Das war auch dringend notwendig, wenn man bedenkt, dass dies so ziemlich die einzige **medizinische Versorgung** in jener Zeit war.

Die Klostergärten dienten somit als Vorbild für die Pflanzenausstattung der Bauerngärten, und gleichzeitig wurde wohl oft auch die Form übernommen: die Wegeführung in Kreuzform. Was man heute als das klassische Architekturprinzip des Bauerngartens ansieht, ist ursprünglich vielleicht nichts anderes als die von Mönchen dem Kreuz nachempfundene Einteilung.

Diese **Vorbildfunktion** der Klostergärten bezüglich der Form wird wohl angenommen, Belege dafür fehlen jedoch. Jede rechteckige Fläche gliedert sich eben am einfachsten und wohl auch am praktischsten durch eine Zwei- oder Vierteilung. Über dieses Wegekreuz später mehr. Vorher sollen noch einige Namen genannt werden, die, wenn es um die Entwicklung des Bauerngartens bis zur Neuzeit geht, nicht unerwähnt bleiben dürfen.

Der St.-Gallener Klosterplan

Da ist das Kloster St. Gallen mit dem nach ihm benannten Klosterplan. In diesem ist, neben dem Plan einer Klosteranlage, eine genaue Aufstellung eines anzulegenden Klostergartens mit den darin zu pflanzenden Gewächsen angegeben, sodass man sich ein relativ gutes Bild vom damaligen Pflanzenbestand machen kann.

Der berühmte St.-Gallener Klosterplan aus dem 9. Jahrhundert wird in der dortigen Stiftsbibliothek aufbewahrt.

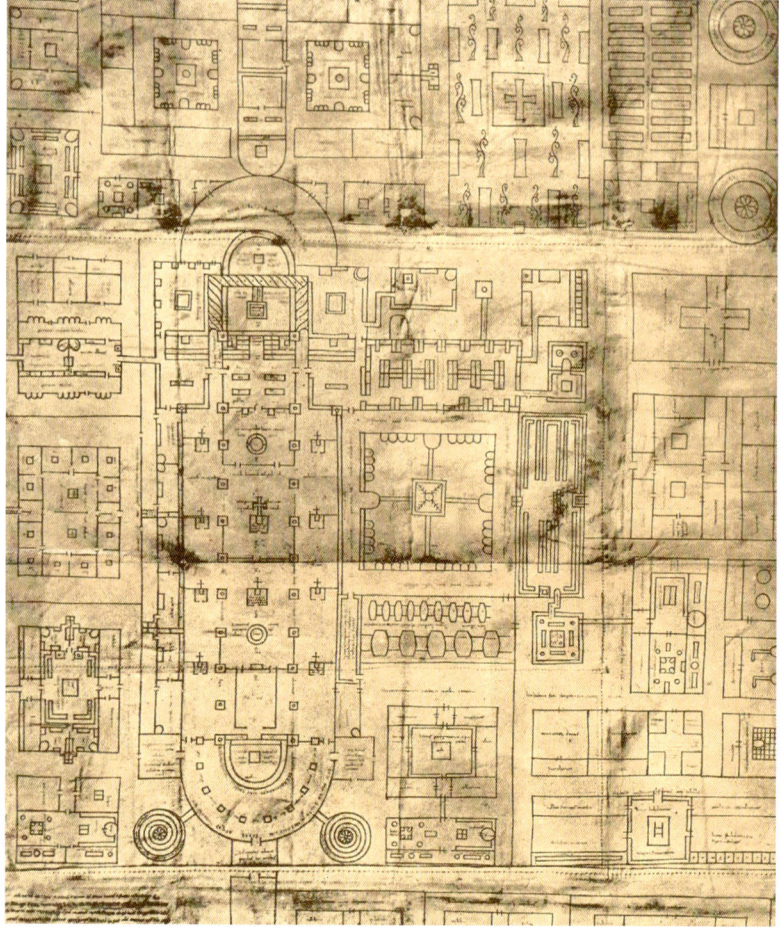

Vier verschiedene Gärten sind auf dem Plan zu erkennen: Der Kreuzgang mit dem Sadebaum (*Juniperus sabina*) und der Gemüsegarten, im Plan »hortus« genannt, mit Zwiebel, Mangold, Rettich, Pastinake und anderem. Als Drittes der Heilkräutergarten, der dort als »herbularius« bezeichnet wird und Rosmarin und Minze, Raute und Fenchel ebenso wie Weiße Lilie und Rose beinhaltet. Diese wurden sicherlich wegen ihres Heilwertes und ihres Duftes, ihrer magischen Kräfte und ihrer Schönheit gepflanzt. Im **Baumgarten** schließlich, der zugleich als Obstgarten und Friedhof diente, sind unter anderem Esskastanie, Quitte, Apfel, Mispel, Maulbeerbaum, Walnuss und Speierling genannt. Diese Doppelnutzung ist nicht etwa durch Platzmangel zu erklären, sondern durch einen tiefen Symbolzusammenhang. Die Erneuerung des Lebens aus dem Tode findet darin eine sinnfällige Darstellung.

Der »Hortulus« des Walahfried Strabo

Eine weitere wichtige Quelle für die Erforschung der Pflanzen des frühmittelalterlichen Klostergartens ist das Gedicht »Liber de cultura hortorum« (in den Schriften kurz »Hortulus« genannt) des Benediktinermönches Walahfried Strabo, der von 838 bis 849 Abt des Klosters Reichenau war. Während man im »Capitulare« und im Klosterplan von St. Gallen eine reine Auflistung der anzubauenden Pflanzen vor sich hat, ohne

Hinweis auf deren Verwendung, wird im »Hortulus« der zur damaligen Zeit praktizierte Gartenbau sowie die **Anwendung der Pflanzen** zu medizinischen Zwecken detailgenau beschrieben. In 23 Abschnitten behandelt Strabo 25 Gartenpflanzen wie zum Beispiel Eberraute, Wermut, Sellerie, Kürbis, Minze, Mohn, Muskatellersalbei, Raute, Lilie und Rose. Auf die Beschreibung der Pflanzen folgt ihre religiöse Symbolik, ihr Nutzen und ihre Pflege.

Die Schriften der Heiligen Hildegard

Verfolgt man den Weg der Geschichte der Bauerngartenpflanzen weiter, so stößt man im 12. Jahrhundert auf naturkundliche Schriften, in denen ca. 230 Pflanzen mit ihrer Heilwirkung beschrieben sind. Ausländische Kräuter und Bäume, aber auch eine Anzahl wild wachsender Gewächse der heimischen Flora sind darin enthalten. Dazu gehört das später unter dem Titel »Physica« bekannt gewordene »Liber simplicis medicinae« der hl. Hildegard von Bingen (1098–1179). Als neu hinzukommende Pflanzen fallen hier vor allem Akelei und Alant, Mariendistel, Myrte, Ringelblume und Schöllkraut auf. Hildegards **Pflanzenheilkunde**, die vor allem auf einer ganzheitlichen Denkweise beruht, mag die Grundlage für eine bescheidene ärztliche Praxis vermittelt haben, wie sie etwa in den Klöstern ausgeübt wurde und auch durch den St.-Gallener Klosterplan bezeugt ist.

Hildegard von Bingen empfahl zur allgemeinen Stärkung des Körpers Alantwein.

Mit diesem Blick in die Gärten des Mittelalters tut sich ein Stück alter, heute z. T. leider vergessener Kultur auf und man sieht, dass der Bauerngarten schon in seinen Anfängen einem steten Wandel unterworfen war.

Die Kräuterbücher – ein Umbruch

Nicht unerwähnt bleiben darf in der Geschichte des Gartens der damalige Bischof von Regensburg Albertus Magnus (1193–1280), der gleichzeitig Naturforscher war.

Corona Imperialis florum
claſſe duplici.

Der »Hortus Eystettensis« zeigt Pflanzen aus aller Welt, darunter auch die Kaiserkrone.

Vitus Auslasser (um 1479), der Mönch des Klosters St. Sebastian in Ebersburg war. Man merkt, dass nun die Zeit reif war für die Betrachtung und Beschäftigung mit der Pflanze in der Natur. Zur **allgemeinen Verbreitung** botanischer Kenntnisse trugen die nun im Druck erhältlichen Kräuterbücher bei. Die bekanntesten stammten von den »Vätern der Botanik«: Das »Contrafayt Kreuterbuch« von Otto Brunfels (1488–1534), der ursprünglich Mönch, später Professor der Medizin in Bern war. Das »Kreuterbuch« des Hieronymus Bock (1498–1554), Prediger und Leibarzt des Grafen von Nassau in Hornburg, und das »Neu Kreuterbuch« des Leonhart Fuchs (1501–1566), der als Professor der Medizin in Ingolstadt und Tübingen tätig war. Erwähnung verdient an dieser Stelle auch ein berühmtes Tafelwerk, der »Hortus Eystettensis«, das vom Reichtum eines riesigen Kräutergartens zu Füßen des Schlosses Willibaldsburg zeugt. Der Apotheker Basilius Berber (1561–1629) war um 1600 vom reichen Fürstbischof von Eichstätt mit der Anlage beauftragt worden.

Alle Kräuterbücher verweisen somit auf die wichtige Rolle, die der Anbau von Heilkräutern im früheren Gartenbau gespielt hat. Da es chemische Arzneien kaum gab, war man im Krankheitsfalle ganz auf die Kraft der selbst gezogenen und gesammelten Heilpflanzen angewiesen. Ein solches Kräu-

Neben theologischen und philosophischen Schriften verfasste er ein botanisches Werk, »De vegetabilibus«, in dem er Kulturanweisungen für verschiedene Gemüsepflanzen gibt. Er nennt aber auch bereits eine Liste von Zierpflanzen, die »ad delectationem« (zum Erfreuen) angebaut werden sollten.
Mit dem Regensburger Domherrn Konrad von Megenberg (1309–1374) kam ein großer Umbruch. Sein »Buch der Natur« war die erste deutsch abgefasste Naturgeschichte, zudem populär geschrieben und daher von großer Bedeutung für die Ausbreitung naturwissenschaftlicher Kenntnisse.
Vorzügliche, nach der Natur gezeichnete Pflanzenbilder enthält eine **illustrierte Handschrift** des

terbuch war für den Bauern eine Kostbarkeit und wurde von Generation zu Generation weitervererbt. In der Zeit vom 16. bis zur Mitte des 18. Jahrhunderts entstanden sogenannte **Hausbücher**, die nicht nur die eigentliche Landwirtschaft, sondern das gesamte Spektrum der ländlichen Wirtschaft behandelten – vom Garten- und Weinbau über die Bienenhaltung bis zum Kochen. Diese auch als »Hausväterliteratur« bezeichneten Bücher geben wertvolle Aufschlüsse über den Gartenbau jener Zeit, eine Zeit, in der der deutsche Garten eine ungemein rasche Entwicklung in Bezug auf Größe, Form und vor allem Reichhaltigkeit aufwies.

Nach dem Dreißigjährigen Krieg (1618–1648), der die Entwicklung des Gartens schwer schädigte und die Arbeit vieler Generationen vernichtete, brach das Interesse am Garten erst allmählich wieder durch. Dann jedoch entstand eine reichhaltige deutsche Gartenliteratur, die sich auf eigene Erfahrungen, meist in großen **Herrengärten**, gründete. Von diesen Gärten aus gelangten schließlich sowohl Pflanzen als auch Wissen in die Bürger- und schließlich in die Bauerngärten, denn schon immer schielte man vom Land aus in Richtung Stadt.

Neue Pflanzen aus aller Welt

Gleichzeitig erfuhren bisher nur zu Heilzwecken benutzte Gartenpflanzen einen Bestimmungswandel zu **Zierpflanzen**, und einige Pflan-

zen aus der freien Natur wurden zur Verschönerung in den Garten aufgenommen.

Schließlich brachten Kreuzzüge, Entdeckungsreisen und Handelsbeziehungen neue Pflanzen. Die legendäre Reise Marco Polos quer durch Asien und zurück (1772–1795) war der Schlüssel zu neuen Welten. Seine Reiseberichte spornten auch andere an. Das 15. Jahrhundert brachte Männer wie Kolumbus, Vasco da Gama, Magellan, Amerigo Vespucci und Drake hervor, die mit ihren Flotten die Seewege nach Amerika, Südafrika und Indien erkundeten und die Erdscheibe zur Kugel formten. Die Welt wurde im Bewusstsein der damaligen Zeit größer, gleichzeitig drängte sie sich aber durch die neuen Handelsbeziehungen stärker zusammen.

Handelsgüter und »Mitbringsel« wirkten sich bald auch auf den Bauerngarten aus – neue **intensive Gewürze** wie Pfeffer, Paprika,

Zimt, Nelken etc., die die selbst kultivierten Kräuter ersetzten, ebenso wie neue Gemüsepflanzen, die traditionelle Gemüsearten ablösten oder einfach hinzukamen. So sei hier zum Beispiel der Spinat erwähnt, der alte »Spinatpflanzen« wie Gartenmelde, Guter Heinrich und Gemüse-Amarant ersetzte. Oder auch die Feuerbohne und die Gartenbohne, die die Puffbohne verdrängten. Nicht zu vergessen natürlich die **Kartoffel**, deren Anbau Kohl, Rüben und Saubohne in ihrer Bedeutung sinken ließ.

Vor allem aber änderten floristische Neuheiten das Bild des Bauerngartens, indem sie aus dem reinen Nutzgarten nun verstärkt einen verzierten Nutzgarten machten. Das **Blütenspektrum** wurde stark erweitert, und manch heimische Schönheit musste auffällig bunten Rivalen weichen.

Einen kleinen Überblick über die zahlreichen Einführungen soll die

Der fremdländische Flieder wird längst als heimisch angesehen und ist aus dem Bauerngarten nicht mehr wegzudenken.

folgende Zusammenstellung geben, in der aber nur die bekanntesten Zuzügler aus aller Welt erwähnt sind.

So kamen aus **Asien**: Balsamine, Brennende Liebe, Buchweizen, Flieder, Frühlingssteinbrech, Goldfelberich, Hyazinthe, Kaiserkrone, Kaukasische Gämswurz, Rhabarber, Sommeraster, Spinat, Tulpe und Türkenmohn.

Ihnen folgten aus **Süd- und Mittelamerika**: Dahlie, Feuerbohne, Fuchsie, Fuchsschwanz, Gartenbohne, Kapuzinerkresse, Kartoffel, Mais, Petunie, Sonnenblume, Studentenblume, Tomate, Vanilleblume und Zinnie.

Die Neuankömmlinge aus **Nordamerika** waren: Aster, Gelenkblume, Goldrute, Indianernessel, Kokardenblume, Kürbis, Mädchenauge, Phlox, Schminkbeere, Sonnenhut und Topinambur.

Den uralten Gartenländern **China und Japan** schließlich verdanken wir: Blauregen, Chrysantheme, Funkie, Lampionblume und Tränendes Herz.

Diese Neuerungen wurden von den einen mit Argwohn beäugt, ja geradezu abgelehnt, bei den anderen gehörten sie aufgrund ihrer Fremdheit und Farbenpracht zu den Kostbarkeiten ihrer Gärten. Allmählich aber wurden viele von ihnen volkstümlich, fügten sich in das Bild der Bauerngärten harmonisch ein und sind heute daraus nicht mehr wegzudenken. Auch zeugen sie davon, dass Bäuerinnen Neuheiten gegenüber nie abgeneigt waren, wenn sie sich bewährten.

Pflanzen im Wandel der Zeit

Traditionelle Nutzpflanzen

Wie die bisherigen Ausführungen zeigen, war der Bauerngarten – und mit ihm sein Pflanzeninventar – im Laufe der Geschichte den verschiedensten Einflüssen ausgesetzt. Heute weitgehend in Vergessenheit geratene Pflanzen spielten früher eine oft große Rolle. Etwa die **Gespinst- und Färbepflanzen**, die zum Teil im Garten, zum Teil aber auch feldmäßig angebaut wurden. Zu den Faserpflanzen zählen der Lein, der Hanf und die Brennnessel, die als Ersatz für die ersten beiden galt. Zum Färben von Wolle, Leder usw. verwendete man die Färberröte (*Rubia tinctoria*, rot), den Färber-Waid (*Isatis tinctoria*, blau), die Färber-Resede (*Reseda luteola*, gelb) und den Färber-Ginster (*Genista tinctoria*, gelb). In diesem Zusammenhang erwähnt gehört auch die Weberkarde (*Dipsacus sativus*), die man bei der Stoffherstellung zum Aufrauen benutzte, und das Seifenkraut, dessen getrocknete Wurzeln zum Waschen genutzt wurden. Auch Speisen wurden angefärbt: Safran, Saflor oder Färber-Distel (*Carthamus tinctorius*) und Ringelblume lieferten die gelbe Farbe für Butter, Käse und Soßen; die Früchte von Kermesbeere, Holunder, Rainweide, Judenkirsche und die Blüten der dunklen Stockrose dienten zum Färben des Weins.

Neben diesen »Weinschönern« gab es auch **Weinkräuter**, die zur Geschmacksverbesserung beitragen sollten. Alant, Weinraute, Ysop und vor allem Muskatellersalbei wurden dazu beigegeben.

»Riechkräuter« und Potpourris
Kräuter, die sich durch einen stark aromatischen Duft auszeichnen, wurden als »Riechkräuter« gern von den Bäuerinnen zum sonntäglichen Kirchgang mitgenommen. Einzeln oder als Sträußchen ins Gebetbuch gelegt, sorgten sie für

Die Färber-Resede liefert einen warmen Gelbton.

Abwechslung in der oft stumpfen Kirchenluft. Die Eberraute und das Marienblatt waren beliebt, aber auch die Weinraute, der Lavendel, der Salbei und der Ysop sowie die verschiedenen Minzenarten wurden zu diesem Zweck im Garten gezogen. Lavendel und Eberraute dienten auch als wohlriechende und mottenwidrige **Einlage im Wäscheschrank**. Zusammen mit den getrockneten Blütenblättern der Zentifolie und Salbei ergaben sie das sogenannte Potpourri, das, im Winter auf die heiße Ofenplatte gebracht, die Zimmer mit einem feinen und angenehmen Duft erfüllte. Lavendelsäckchen und Duftpotpourris, wie sie heute im Laden zu kaufen sind, sind beileibe keine Erfindung unserer Zeit, sie zeigen in deutlicher Weise das Kommen und Gehen und Wiederkommen der Bauerngartenpflanzen und ihrer Verwendung.

Alte Kostbarkeiten neu entdeckt

Auch auf altbewährte Heilkräuter besinnt man sich im Zuge der auflebenden Naturheilkunde wieder öfter, doch führen sie z. T. verachtet als Unkräuter an Hecken, Wegrändern und Schutthalden ihr Dasein. Wer kennt heute noch Alant, Andorn, Beifuß, Benediktenkraut, Eibisch, Herzgespann, Odermennig, Rainfarn, Schwarznessel, Wegerauke und ihre Heilkräfte? Im Wandel der Zeit ist auch so manche alte Bauerngartenpflanze in Vergessenheit geraten, die früher im **Brauchtum** eine große Rolle spielte. Denn eng verbunden war

das Leben der Bauern mit ihren Pflanzen. Myrte und Rosmarin, Wacholder und Holunder, Hauswurz und Pfingstrose sind noch die bekanntesten und werden auch heute noch verwendet. So Myrte und Rosmarin als Anstecker für die Hochzeitsgäste und die Pfingstrose, in Bayern auch »Prangrose« genannt, am »Prangertag«, dem Fronleichnamstag, zum Schmücken der Altäre.

Experimente im Bauerngarten

Die Geschichte der Bauerngärten zeigt, dass hier keine zufällige Erscheinung, sondern eine lang andauernde Entwicklung mit zahlreichen Veränderungen vorliegt. Bauerngärten sind das Ergebnis vieler Versuche und Irrtümer, wenngleich das Bewährte immer dominiert. Sie waren und sind den verschiedensten Einflüssen ausgesetzt und haben bei allem bäuerlichem Konservatismus nichts Starres und Gleichbleibendes. Geschichtliche Entwicklung hat bis in sie hineingewirkt, und es kam auch zu **Verirrungen**: sei es die »Tulpomanie« des 17. Jahrhunderts und das »Nelkenfieber« des 18. und 19. Jahrhunderts, bei denen die Liebe zu den neu eingeführten Pflanzen wohl doch etwas zu weit ging, oder die Vorliebe für gefüllt blühende und monströse Formen im Barock.
Auch die jetzige Zeit ist ein Abschnitt der Geschichte. So muss als Ausdruck von Entwicklung und Mode auch der heutige Bauerngar-

Nostalgisches Sommergarten-Potpourri
Mischen Sie jeweils drei Esslöffel getrockneter Blüten von Bartnelken, Duftrosen, Lavendel und Nachtviolen mit getrockneten Blättern von Engelwurz, Süßdolde und Balsamkraut. 30 g Iriswurzelpulver aus der Apotheke fixieren die Duftmischung.

ten gesehen werden, der im gewissen Sinne den rasanten Fortschritt und die damit zusammenhängende Denkweise widerspiegelt. Die Änderung der dörflichen Struktur, das Bedürfnis nach neuzeitlichen Wohn- und Arbeitsweisen, Freizeitansprüche und höherer Lebensstandard sind nur eine Auswahl von Ursachen, die den traditionellen Bauerngarten in seinem Erscheinungsbild beeinflussen.

So entwickelt er sich immer mehr vom Versorger- zum **Genießergarten**. Gemüse, das es nicht in jedem Supermarkt gibt, gartenfrische Kräuter, die fröhliche Farbigkeit üppiger, duftender Blumen – dafür steht der Bauerngarten heute. Und er enthält altbewährte Pflanzen ebenso wie Neuerungen, die diese Bewährungsprobe erst noch bestehen müssen. Aus Experimentierfreude entstehen neue Gärten, die Lust machen, darin zu leben.

Nicht nur lecker, sondern auch äußerst dekorativ ist der Palmkohl.

Unterschiedliche Gesichter

Bauerngärten verschiedener Landschaften

Ebenso wie sich die äußere Umgebung, das Klima und die Mentalität der Menschen in der Gestaltung ihrer Häuser, Höfe und Dörfer niederschlagen, so sind auch Bauerngärten geprägt von den vorherrschenden Faktoren in den jeweiligen Landstrichen und damit mehr oder weniger landschaftsgebunden. Der Bauerngarten ist Ausdruck der vorherrschenden Kultur.

Regionale Besonderheiten

Es würde zu weit führen, alle Unterschiede und Gemeinsamkeiten der Bauerngärten der verschiedenen Landschaften des deutschsprachigen Raumes aufzuführen. Müsste man doch, in den Alpen beginnend, die südtirolerischen, österreichischen und schweizerischen Bauerngärten ebenso untersuchen und beschreiben wie die in Richtung Norden anschließenden: die ober- und niederbayerischen, die fränkischen und württembergischen, die Bauerngärten des Odenwaldes, Westfalens, Schleswig-Holsteins, Oldenburgs und noch vieler einzelner Landstriche mehr. Nur grob soll daher aufgezeigt werden, wo Unterschiede liegen und worin diese möglicherweise begründet sind.

Wenig Raum und raues Klima

Südtirol ist geprägt von den fruchtbaren Weinbaulandschaften einerseits und von der kargen Gebirgslandschaft andererseits. Und da im Gebirge zum einen ein raues Klima, zum andern härtere Lebensbedingungen herrschen, haben naturgemäß auch die Bauerngärten ein anderes Gesicht als anderswo. Die Ausstattung ist bescheidener und die Form aufgrund des Platzmangels nicht immer rechteckig, sondern so, wie das Gelände es zulässt. Für lebende Zäune ist ebenso wenig Platz wie für eine großzügige Aufteilung mit Wegkreuzen oder für die Einfassung der Beete mit Buchs.

Auch in Österreich, wo die Gartenpflanzen der Bergbauernhöfe mit einer kurzen Vegetationsperiode auskommen müssen, sucht man Prunk meist vergebens.

Die verwendeten Materialien entstammen alle der näheren Umgebung; zu aufwendig wäre es früher gewesen, anderes herbeizuschaffen. Flecht- oder Lattenzäune aus Holz, eine einfache Einteilung in Beete und die Einfassung dieser mit Holz oder Steinen der Umgebung sowie äußerst schmale Trittpfade prägen diesen **Garten im Gebirge**, der sich gefällig in das Landschaftsbild einfügt, und nicht weniger schön ist als seine oft reich geschmückten Verwandten in anderen Regionen.

Günstige Verhältnisse

Zum Beispiel in der Schweiz. Dort hat sich in einigen Tälern wie etwa dem Emmental eine Bauerngarten- kultur entwickelt und z. T. bis heute gehalten, die kaum über- troffen werden kann. Großzügige Grundstücksverhält- nisse boten Platz für eine aufwen- dige Gartengestaltung. Breite Wege teilen den Garten in Kreuz- form oder aber auch in einzelne aufwendige barocke Formen. Diese wiederum sind mit Buchs einge- fasst, der, durch regelmäßigen Schnitt sauber in Form gehalten, die Beetform vom gekiesten oder mit Rinde bedeckten Weg klar und wirkungsvoll abgrenzt. Die äußerste Gepflegtheit dieser reich verzierten Nutzgärten spie- gelt die Einstellung seiner Bäuerin- nen wohl mehr wieder, als sie selbst zugeben würden.

Bauerngärten in Bayern

So unterschiedlich wie die Land- schaft in Bayern, so vielgestaltig zeigt sich auch der bayerische Bauerngarten. Vor allem fällt die unterschiedliche Größe auf. Wäh- rend die Gärten in den fruchtbaren und wohlhabenden Landstrichen des Gäubodens und des Rottals früher äußerst großzügig angelegt waren, erkennt man in den »Gartln« des Bayerischen Waldes, dass man dort mit dem wenigen ebenen Grund sparsam umging. Mühsam dem steilen Hang abge- rungene 20 bis 60 m² bildeten die Versorgungsgrundlage an Gemüse für die zumeist kinderreichen Familien. Doch auch wenn der

Üppige Blütenpracht und Gemüse stehen in diesem Bauerngarten im Emmental in einem wohlgeordneten Durcheinander.

Garten noch so klein ist, findet man darin immer einige Zierpflan- zen, in der Regel Pfingstrosen, Madonnenlilien und Nelken, die einst im örtlichen Brauchtum eine wichtige Rolle spielten. Im Gegensatz dazu bieten manche Gärten des Rottals und des Gäubo- dens mit ihrer Blumenpracht einen grandiosen Anblick. Für farben- frohe Stauden- und Sommerblu- menbeete ist dort ebenso Platz wie für üppige Rosensträucher und aus- ladende Torbögen aus Geißblatt, Kletterrosen oder Clematis. Auch

sieht man nicht nur Holzzäune, sondern immer wieder geschmiede- te Eisenzäune als prachtvollen Aus- druck des Wohlstandes.

Von der Pfalz bis Oldenburg

Macht man einen großen Sprung in die **Pfalz**, bemerkt man, dass hier der Weinbau sowohl die Land- schaft als auch die Menschen be- stimmt. Für Gartenkultur bleibt da wenig Platz. Dennoch gibt es auch hier Bauerngärten, und es fällt auf, dass Nutz- und Ziergarten oft getrennt voneinander angelegt sind.

Ein Bauerngarten, wie dieser im Voralpenland, verbindet Nutzen und Schönheit wie keine andere Gartenform.

So befindet sich der reich geschmückte, barock gegliederte Ziergarten meist vor dem Haus, zur Straße hin ausgerichtet, der Gemüsegarten jedoch hinter dem Haus, wo Beerensträucher und Obstbäume an ihn anschließen. Doch auch dieser Gemüsegarten ist selten ein reiner Nutzgarten. Meist sind die Beete mit Stauden und Sommerblumen eingefasst, sodass sich auch hier ein buntes Bild ergibt.

Das alte Bauernland **Westfalen** mit seinen Gutshöfen bot der Entwicklung einer ausgeprägten Bauerngartenkultur ideale Voraussetzungen. Gärten mit 300 bis 500 m² sind hier keine Seltenheit. Doch nicht nur durch ihre Größe zeichnen sich westfälische Bauerngärten aus, sondern auch durch ihre Einteilung und Ausstattung. Der klassische Grundriss mit Wegekreuz,

Rondell und Buchseinfassung ist hier besonders ausgeprägt zu finden. Auffallend ist aber die Einfriedung des Gartens: Lebende Hecken aus Hainbuche, Weißdorn, Liguster oder gar Eiben geben den aufwendig gestalteten Gärten den notwendigen Hintergrund. Oft werden sie nicht nur sauber geschnitten, sondern auch zu Figuren, vor allem aber zu Torbögen zurechtgeformt. Der Formschnitt von immergrünen Gehölzen fand besonders dort Nachahmung, wo die niederländische Gartenkultur Einfluss hatte.

Ebenfalls bemerkenswert ist das Vorkommen von Lauben in den Bauerngärten. Diese Baumlauben sind wie die lebenden Zäune meist aus Hainbuchen geformt und befinden sich vorwiegend im hinteren Teil des Gartens, wo sie entweder zum Ausruhen oder zum Unterstellen von mancherlei Gartengerät genutzt werden. Echte Schmuckstücke gibt es da, wo sich wettergeschützt das Gartenleben abspielen kann.

Zu guter Letzt seien nun noch die Gärten des oldenburgischen Ammerlandes und die Artländer »Taxusgärten« angesprochen. Letztere zeichnen sich durch kunstvoll geschnittene Eiben (Taxus baccata) aus, die manchmal zu Kugeln und Kegeln, ja sogar zu prächtigen Tiergestalten geformt werden. Im **Ammerland** umgeben hohe Hecken aus Linden, Eichen oder Hainbuchen den gesamten Hof, um ihn vor dem Zugriff des Windes zu schützen. Gleichzeitig sind sie Bindeglied zwischen Hof und Landschaft.

Geschnittene Heckenformen zeugen von einer besonderen Liebe zum Detail und sind vor allem in westfälischen Bauerngärten zu finden.

Einheit der Vielfalt

Will man nun ein Fazit ziehen, so kann man sagen, es gibt regionale Unterschiede sowohl in Form, Materialien und auch bei den Pflanzen, aber den »typischen« westfälischen, bayerischen oder schweizerischen Bauerngarten gibt es eigentlich nicht.

Die Gemeinsamkeiten sind größer als die Unterschiede, und ihr Charme und ihr lebendiger Charakter verbinden sie alle.

Wer bei der Neuanlage eines Bauerngartens in Erfahrung bringen will, was für die jeweilige Region als typisch angesehen wird, der sollte es nicht scheuen, in diesem Gebiet umherzufahren, um einige alte Gärten genau anzuschauen und mit deren Besitzern zu reden, die in aller Regel bereitwillig Auskunft erteilen. Oder man wendet sich an die jeweiligen Freilichtmuseen, die auf diesem Gebiet eine wichtige Funktion erfüllen, da sie darauf bedacht sind, sowohl die alten Pflanzen als auch überlieferte Gestaltungsmerkmale nicht in Vergessenheit geraten zu lassen.

Planung und Anlage

Natur und Kultur auf kleinem Raum

Die Schönheit eines Gartens zeigt sich vor allem dann, wenn Garten, Haus und Landschaft eine harmonische Einheit ergeben. Rücksichtnahme auf die Siedlungsform ist ebenso wichtig wie Berücksichtigung von Klima und geologischem Untergrund. Die Bautätigkeit der letzten Jahrzehnte hat gewachsene Ortsbilder häufig zerstört. Der Zwiespalt zwischen bodenständiger Bausubstanz und den nach rationellen Gesichtspunkten kalkulierten Neubausiedlungen reicht bis in die Gärten hinein.

Nicht überall, wo man gerne einen Bauerngarten hätte, passt er auch hin. Dort sollte man versuchen, einen anderen Weg zu gehen. Denn der Bauerngarten ist in seiner jahrhundertelangen Tradition doch nicht etwas so Unspezifisches, als dass man ihn jedem Gartenbesitzer, ob auf dem Land oder in der Stadt, einfach so zur Nachahmung empfehlen könnte.

Es muss aber auch nicht unbedingt die Bäuerin mit großem Hof sein, der man einen Bauerngarten empfehlen könnte; im Zuge der Dorferneuerung und eines neuen Naturbewusstseins denken viele Leute auf dem Land daran, ihren im Laufe der Zeit etwas vernachlässigten Garten neu zu beleben oder gar neu zu gestalten.

Im breiten Spektrum möglicher Gartengestaltung ist der Bauerngarten als ländlicher Hausgarten vor allem jenen Leuten zu empfehlen, die Wert auf etwas Ganzes legen, d. h. eine Einheit von ländlicher Bauweise und bäuerlicher Gartengestaltung und -bewirtschaftung anstreben.

Wenn im Folgenden die Anlage eines Bauerngartens beschrieben wird, so ist dies nicht als Anleitung zu verstehen, nach dem Motto: »Nur so und nicht anders darf er ausschauen«, sondern als Anregung zu eigenen Ideen, die man dann mit Althergebrachtem harmonisch zu »seinem« Garten kombiniert, der eine ganz individuelle Handschrift trägt.

Ein Platz an der Sonne

Der traditionelle Bauerngarten war stets dem Wohnhaus, nur selten den Wirtschaftsgebäuden zugeordnet. Oft lag er an der Vorderseite des Hauses, manchmal auch seitlich davon in der **Nähe der Küche.** Zuweilen wurde er auch an einen Schuppen oder an die Hofkapelle angelehnt.

Ein Bauerngarten, der als solcher bezeichnet werden kann, sollte also möglichst nah am Wohnhaus liegen, so spart man sich viel Weg und Zeit bei Pflege- und Erntearbeiten. Man hat die Pflanzen auch immer etwas im Auge, vergisst das Gießen der Jungpflanzen nicht so leicht oder auch das Lüften der Frühbeetfenster. Außerdem holt man sich lieber frischen Schnittlauch, Petersilie oder sonstige Kräuter, wenn sie gleich vor der Tür wachsen. Nicht zuletzt hat man einfach mehr Freude daran, wenn man das Wachsen und Gedeihen, Blühen und Fruchten vom Fenster aus beobachten kann. Man »erlebt« den Garten viel mehr und intensiver, als wenn er abseits läge.

Außerdem sollte für ihn ein vollsonniger Platz gewählt werden. Dabei wird die wärmste Stelle – am besten **nach Süden oder Südwesten** geneigt – dem Mist- oder Frühbeet zugeteilt. Dadurch wird eine rasche Erwärmung und die bestmögliche Ausnutzung der Sonneneinstrahlung erreicht. Dieser »Drang zur Sonne« kommt nicht von ungefähr, stammen doch so viele typische Bauerngartenpflanzen aus dem mediterranen

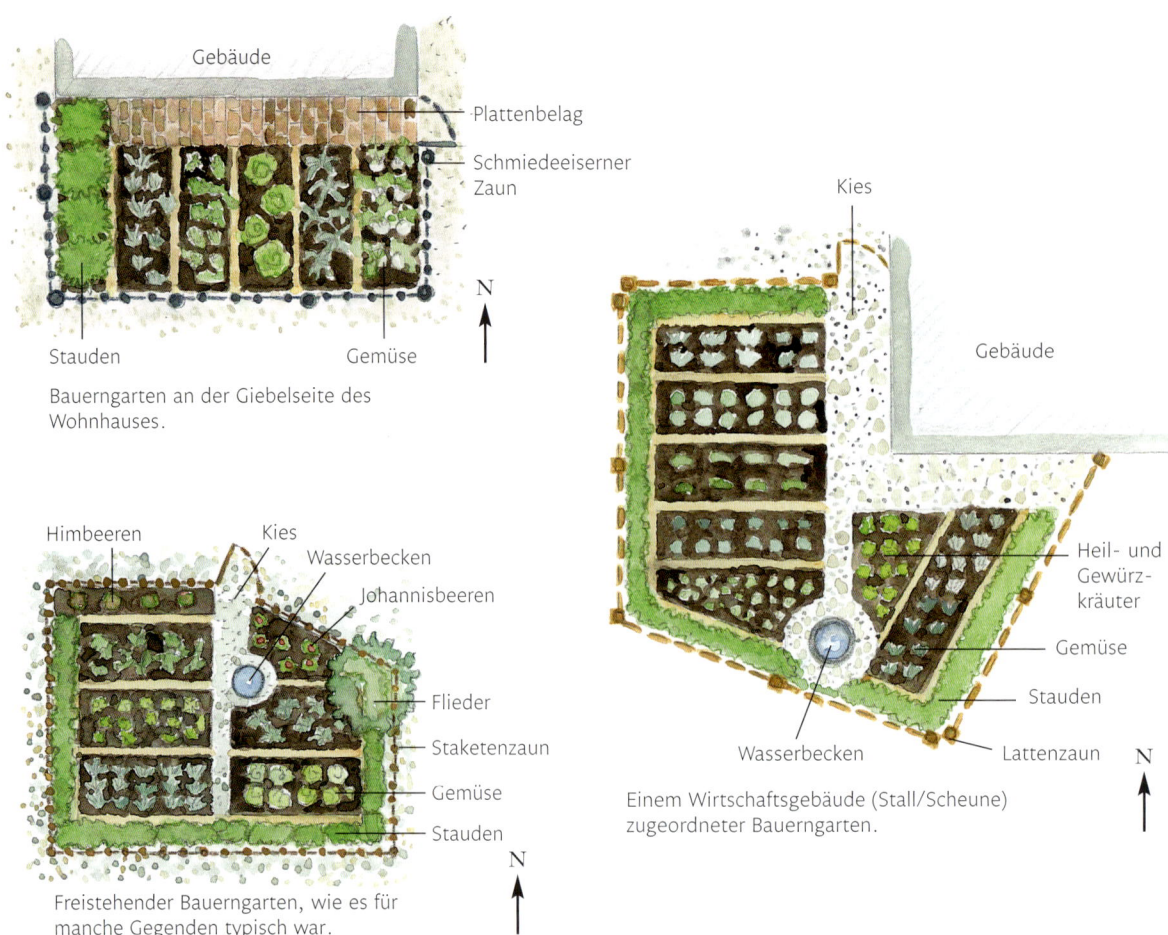

Bauerngarten an der Giebelseite des Wohnhauses.

Freistehender Bauerngarten, wie es für manche Gegenden typisch war.

Einem Wirtschaftsgebäude (Stall/Scheune) zugeordneter Bauerngarten.

Raum oder anderen sonnenverwöhnten Gebieten.

Doch nicht nur Salbei, Lavendel und Sonnenbraut lieben den vollsonnigen Stand, auch Gemüsekulturen gedeihen am üppigsten in Südsüdwest- und Südostlagen. In reinen Nordnordost- oder Nordwestlagen muss, vor allem im Frühjahr und Frühsommer, mit längeren Wachstumszeiten und auch niedrigeren Erträgen gerechnet werden.

Nicht die Größe macht's

So unterschiedlich die Größe der Bauerngärten früher war, so unterschiedlich kann sie sich auch heute gestalten. War sie einst von den wirtschaftlichen Verhältnissen, von der Gegend und den Gebräuchen abhängig, spielt heute neben dem zur Verfügung stehenden Land vor allem der **Arbeitsaufwand** eine Rolle. Man darf nicht übersehen, dass der Garten meist »nebenbei«

bewirtschaftet werden soll. Und dabei soll er ja nicht zur Last werden, sondern Freude bereiten. Vorausgesetzt, es soll nur ein Teil des Gemüsebedarfes aus dem eigenen Garten gedeckt werden, genügt je Familienmitglied eine Anbaufläche zwischen 25 und 40 m², das sind 100 bis 160 m² Gemüseanbaufläche für eine vierköpfige Familie. Strebt man einen **Selbstversorgergarten** an, so erhöht sich der Flächenbedarf für Gemüse natürlich erheblich.

Der Anteil der Zierpflanzen richtet sich nach den eigenen Vorstellungen und Wünschen. Will man einen verzierten Nutzgarten oder lieber einen üppigen Blumengarten, wo da und dort noch Salat, Radies und Tomaten gedeihen? Werden auch die **Beerensträucher** in den Bauerngarten miteinbezogen, so darf man nicht vergessen, dass Himbeeren, Brombeeren, Johannisbeeren und Stachelbeeren eine große Fläche beanspruchen. Doch lässt sich hier mit entsprechenden Erziehungsmethoden Fläche einsparen. So ist das Ziehen der Ranken von Brombeeren und Himbeeren an Pfählen oder Drähten ein wirksames Mittel, diese Pflanzen in Schranken zu halten; davon aber mehr im Abschnitt »Obst«.

Die eigenen Ansprüche und das Maß an Arbeit, das man sich zumutet, sind somit heute die entscheidenen Einflussgrößen für die Ausmaße eines Bauerngartens.

Der »klassische« Grundriss mit Wegekreuz und betonter Mitte sorgt für Ordnung und Überblick.

dass sich dieser Grundriss direkt aus dem **Kreuzgang** der Klostergärten ableitet, ist nicht eindeutig belegt. Sicher, es gab Gegenden, die sich vornehmlich dem einfachen Wegkreuz verschrieben hatten, etwa im Voralpenland oder in manchen Teilen der Schweiz. Aber es gab auch in diesen Gegenden andere Einteilungsprinzipien.

Die Form gibt den Ton an

Das einfache Leben der bäuerlichen Bevölkerung spiegelte sich auch in der Aufteilung und Ausschmückung ihrer Gärten. Je bescheidener die Verhältnisse, desto schlichter war auch die Gestaltung des Gartens.

Eine Einengung des Bauerngartens auf den »klassischen« Grundriss mit Wegekreuz, Rondell und Buchseinfassung fand eigentlich nur in der neueren Literatur statt. Und die oft geäußerte Annahme,

Einfache Teilung.

Weiterentwicklung mit rundum führendem Seitenweg.

Ein freier Platz für Kübelpflanzen oder als Sitzplatz.

Einfaches Wegkreuz.

»Klassischer Grundriss«.

Aufwändige Form.

Die einfachste Form bestand in der bloßen Teilung des Rechtecks durch einen **Mittelweg**. Weit verbreitet waren Gärten mit Mittelweg und rundumführendem Seitenweg. Dies ist eine sehr praktikable Einteilung, denn auf diese Weise entstehen große Flächen für die Gemüsebeete in der Mitte und **Rabatten** für Zierpflanzen und Kräuter am Rand. Durch diese Wegeführung sind Beete und Rabatten gut zugänglich und einfach zu pflegen. Eine Form also, die auch heute zur Nachahmung empfohlen werden kann.

Häufig wurde der ganze Garten ohne das vordere Mittelstück halbiert, sodass direkt vor dem Haus ein etwas größerer freier Platz entstand. Dieser war den Kübelpflanzen zugedacht und diente manchmal auch als **Ruheplatz** zum Ausspannen auf der Hausbank.

Die bisweilen komplizierteren Formen lassen auf eine gewisse Nachahmung von Patriziergärten schließen. Diese Gärten waren aber sehr arbeitsaufwendig und sind kaum noch anzutreffen.

Man darf also nicht den zu sehr architektonisch gestalteten Bauerngarten als den typischen ansehen, denn eine rein praktische Einteilung, wie sie auch heute noch zu finden ist, war weit mehr verbreitet. In vielen Dörfern passten sich Form und Einteilung der Gärten den gegebenen Freiräumen an und waren dadurch oft auch unregelmäßig. So ist es auch bei **Neuanlagen** heute. Gegebene Situationen müssen erfasst und auf praktikable Weise einbezogen werden.

Das passende Drumherum

Ein Zaun gehört dazu

Wie bereits eingangs erwähnt, ist das indogermanische Wort »ghortos« mit der Bedeutung »das Eingefasste« die Wurzel des Wortes Garten. Aus diesem Ursprung ersieht man, dass ein Garten der Urbedeutung des Wortes gemäß genau genommen nur dann als solcher angesprochen werden kann, wenn er auf irgendeine Art umzäunt ist.

Im langen Zeitraum der Geschichte des Bauerngartens hat die umgebende Einfriedung ebenso wie die darin lebende Pflanzenwelt eine starke Veränderung erfahren – vom einfachen Flechtzaun über die primitiv erstellte Trockenmauer, den Lattenzaun und den Palisadenzaun bis hin zum Zaun aus Eisen oder Drahtgeflecht.

Der Zweck der Umzäunung war und ist immer noch derselbe, nämlich die im Garten stehenden Pflanzen vor unbefugten Eindringlingen – sei es Mensch oder Tier – zu schützen.

Flechtzaun und Hecke

Der ursprünglichste Zaun ist wohl der **Flechtzaun**. Aus Weidenruten oder auch anderen biegsamen Gehölzarten wie zum Beispiel der Hasel lassen sich sehr dekorative Zäune flechten. Eine geübte Hand ist hierbei schon erforderlich, um die gewünschte Stabilität zu erreichen.

Flechtzäune wie früher sind wieder im Kommen.

Gibt einen schönen Rahmen – der Holzzaun.

Ein schlichter Lattenzaun passt immer.

Wohl eine der schönsten Einfriedungen bildet die **lebende Hecke** aus Hainbuche, Weißdorn, Liguster, Feldahorn oder gar der besonders schönen Kornelkirsche. Werden diese Hecken regelmäßig und richtig geschnitten, wachsen sie ausreichend dicht und ergeben einen ruhigen Hintergrund. Sie benötigen jedoch reichlich Platz und stehen mit den Pflanzen im Garten in Wasser- und Nährstoffkonkurrenz.

Zäune aus Holz

Besser geeignet ist meist ein schlichter, nicht allzu hoher (1,20 m bis 1,60 m) **Holzzaun**. Ganze oder gespaltene dünne Fichtenstangen, sogenannte Hanichl, geschälte Halbhölzer (Staketen) oder Profillatten ergeben einen schönen Rahmen für den Bauerngarten. Diese Zäune werden mit Pfosten und Riegeln gebaut, an die eine senkrechte Lattung angebracht ist. Die Lattenköpfe sind meist zugespitzt oder gerundet, häufig auch mit speziellen Formen verziert. Zuweilen kamen Steinsäulen aus Granit oder Sandstein – meist nur grob bearbeitet – als Hauptpfosten zum Einsatz. Alte schlicht verzierte Betonpfosten mit Flechten und Moosen besetzt findet man in Gegenden mit Zementwerken. Sie haben heute Seltenheitswert und verdienen große Beachtung.
Die Lebensdauer eines Holzzaunes hängt vorwiegend von der Art des verwendeten Holzes ab. Lärche, Eiche oder auch Douglasie sind der Fichte hier in jedem Fall überlegen und machen eine Imprägnierung überflüssig. So zaubern mit der

Zeit Sonne und Regen eine wunderschöne Patina auf's Holz, und diese lässt den Zaun Teil der Landschaft werden.
Verzichtet man auf einen durchgehenden Betonsockel und setzt dafür nur Punktfundamente, so kann man den Garten auch außerhalb des Zauns noch weiterleben lassen, indem man sich selbst ausgesäte Pflanzen wachsen lässt oder mit Kapuzinerkresse, Duftwicken oder Winden die Grenze zwischen drinnen und draußen verwischt. Durch diese Pflanzen, die sich an den Zaun lehnen, ihn umranken und ihre Blätter und Blüten zwischen die Latten schieben, wird der Zaun lebendig und charmant. Sehr schön ist natürlich ein **Zaun ganz aus Holz**, auch die Zaunpfosten. Früher wurden die dazu verwendeten Holzpfosten angespitzt und so weit, wie sie später in die Erde gesetzt wurden, angekohlt. Ein probates Mittel, um allzu schnelles Faulen zu verhindern, das man auch in der heutigen Zeit wieder versuchen sollte.

Andere Einfriedungen

Mancherorts sieht man noch alte **Zäune aus Schmiedeeisen**. Schon in vergangener Zeit waren sie Ausdruck der wirtschaftlichen Verhältnisse eines gut situierten Bauern. Heute wird man sich kaum mehr so ein handgeschmiedetes Prachtstück mit Bögen, Schnörkeln und Spitzen leisten können.
Wo sie noch vorhanden sind, sollte man versuchen, sie vor dem Verrosten zu retten, denn sie gehören zum erhaltenswerten bäuerlichen

Die Vorpflanzung nimmt dem Eisenzaun seine Härte.

Ein einfacher Eisenzaun ist unaufdringlich.

Schmiedeeiserne Zäune prägten einst ganze Dörfer.

Kulturgut und repräsentieren alte Handwerkskunst.

In Gebirgsgegenden waren statt Holz und Eisen vor allem **niedrige Mauern** aus Natursteinen üblich. Lesesteine aus den umliegenden Feldern wurden trocken aufgesetzt und bildeten eine Einfriedung, die sich, da der umgebenden Natur entnommen, harmonisch in sie einfügte und zum Lebensraum mancher Pflanzen und Tiere wurde.

Schöne Beläge für die Wege

Die Wege im Garten waren meist mit einem Belag versehen, oft wurde aber auch der vorhandene Boden einfach mithilfe eines Brettes festgetreten. Dies kommt der früher wie heute üblichen Methode, den ganzen Garten mit Aus-

nahme der Staudenbeete im Herbst umzugraben, sehr entgegen. Zumeist bestand der Wegebelag aus **nass gestampftem Mergel**, der ein angenehmes Gehen ermöglicht. Dieser Mergelbelag wurde oft etwa 2 cm hoch mit rundem Gartenkies überdeckt. Manchmal, sofern es die Mittel erlaubten, streute man auch Gerberlohe statt harten Kieses, sodass man wie auf Waldboden ging. Reine Gerberlohe wird man heute wohl nirgends mehr bekommen, da die Verwendung von Rinde zu Gerbzwecken fast gänzlich aufgehört hat. Aber Rindenmulch, der überall im Gartenhandel erhältlich ist, erfüllt denselben Zweck. Möglichst grob sollte er sein, damit er nicht so schnell zersetzt wird.

In kleinen Gärten, wo die Wege auch dementsprechend schmal aus-

Zwischen wuchernden Pflanzen sind Lattenroste sehr hilfreich.

Buchs gilt als »die« Beeteinfassung und säumt hier den festgestampften Weg.

Ein Plattenweg braucht einen soliden Unterbau.

fielen, legte man Bretter auf die Wege, die nach Regen aber nur unter Rutschgefahr zu begehen waren. Besser sind da einfache **Lattenroste**, aus schmalen Profillatten, die zum einen besser abtrocknen, zum anderen den Schnecken weniger Rückzugsmöglichkeit bieten.

Vereinzelt waren die Hauptwege **mit Gras bewachsen**, was zwar sehr schön anzusehen ist, doch ein Mehr an Arbeit mit sich bringt; denn zum einen muss es immer wieder gemäht werden und zum anderen muss man die Kanten zu den Beeten hin immer wieder sauber abstechen, um ein Hineinwuchern zu vermeiden. Ist der Garten groß genug und scheut man die Arbeit nicht, so ist dies auch heute eine einfache und empfehlenswerte Lösung.

Anspruchsvoller ist da schon ein **gepflasterter Weg**. Ob aus Granit, Sandstein oder Porphyr, aus Ziegeln, Klinkern oder großen Flusskieseln – richtig verlegt erfordert ein Pflaster nur geringen Pflegeaufwand und ist äußerst dauerhaft. Aber leider ist Pflaster nicht ganz billig. So konnten sich auch früher nur die bessergestellten Bauern einen so vornehmen Wegebelag für ihren Garten leisten.

Etwas kostengünstiger wird es, wenn man mit diesen Materialien nur beidseitig eine **feste Kante** setzt und die Innenfläche mit Kies oder Rindenmulch auffüllt. Bei gepflasterten Wegen ist ein guter, verdichteter Unterbau aus Schotter unbedingt notwendig, um ein Auffrieren zu verhindern.

Neueren Datums ist die Verwendung von **Betonplatten** als Wegebelag im Bauerngarten. Stilgemäß gehören sie nicht in einen Bauerngarten. Sind sie bereits vorhanden, so lässt sich mit Pflanzen vieles zum Guten abändern: Blumen wie Duftsteinrich, Polsternelke, Ringelblume oder Löwenmaul wachsen, an den Weg gesetzt, etwas in ihn hinein und überdecken so den unschönen Wegebelag. Außerdem haben alte, schon länger verlegte Betonplatten meist etwas »Patina« angesetzt, d. h., sie sind von Algen, Moos und Flechten bewachsen, was ihren harten Charakter mildert. Legt man einen neuen Bauerngarten an, so sollte man sich in der Gegend umschauen, welche Materialien in der Natur vorkommen,

und dann danach auswählen. So vermeidet man am ehesten einen Fehlgriff, der nachher als störend empfunden wird.

Die Beeteinfassung – der richtige Rahmen

Ein sehr bezeichnendes Gestaltungselement des Bauerngartens ist die Beeteinfassung. Dieser alte Brauch soll die Wege von Erde sauber halten, den Beeten einen ansprechenden Rahmen geben und dem Garten eine optische Ordnung verleihen.

Buchseinfassungen
Ursprünglich ist diese Art der Beeteinfassung wohl ein Überbleibsel aus der Zeit des Barocks,

Je nach Region findet man Steine als Einfassung und Wegebelag.

Holzeinfassungen passen besonders gut zum Wegebelag aus Rindenmulch.

Auch Lavendel, Polsternelken oder wie hier Eberraute eignen sich hervorragend zum Einfassen der Beete.

wo kolossale Schlösser mit repräsentativen Gärten angelegt wurden: Nymphenburg in München, Ludwigsburg bei Stuttgart und Herrenhausen in Hannover, um nur drei zu nennen. Dort wurden sorgsam beschnittene, niedrige Buchshecken als **architektonische Elemente** eingesetzt und mit ihnen Ornamente und Muster gezogen. Diese aus der Überlieferung stammende Beeteinfassung aus Buchs ist es, welche dem Bauerngarten das zu ihm passende, feine Gepräge gibt. Bis in die heutige Zeit hat der Buchs nichts an Ansehen eingebüßt, auch wenn er früher von manchen heftig kritisiert wurde. So wurde er als »Überbleibsel des Rokoko« beschimpft, der »recht bald aus den Gärten verschwinden soll und dafür Pflanzen mit mehr Brauchbarkeit gepflanzt werden sollen« (Nebelthaus, 1936). Einige Autoren früherer Zeiten lehnten Buchseinfassungen, »wel-

che weder schön noch nützlich sind«, auch deshalb ab, weil sie sie für »Schlupfwinkel für Ungeziefer« hielten. Diese ablehnende Haltung gegenüber der Buchseinfassung kam wohl daher, dass man sie oft nicht genügend pflegte. Verwendet man die richtige Sorte, nämlich den sogenannten Einfassungsbuchs (*Buxus sempervirens* 'Suffruticosa'), der sehr langsam wächst und recht niedrig bleibt, und schneidet diesen regelmäßig, so kann man die Einfassung ordentlich und niedrig halten, ohne dass sie jemals zum Herd für Ungeziefer wird oder im Winter vom Schnee auseinandergedrückt wird.
Man sollte aber nicht annehmen, dass die Buchseinfassung in jedem Bauerngarten anzutreffen war. Ähnlich wie die Größe des Gartens und der umgebende Zaun spiegelte auch die Einfassung der Beete die Vermögensverhältnisse des Bauern wider. Nur wohlhabende Bauern

leisteten sich derartigen Schmuck, der ja sowohl viel Platz beansprucht als auch eine Menge Arbeit verursacht.

Kräuter, Steine oder Bretter

In einigen Fällen rahmte man die Beete statt mit Buchs mit Kräutern wie Lavendel, Majoran, Salbei, Thymian und Ysop oder mit anderen üppigen, niedrigen Pflanzen wie Schleifenblume, Vergissmeinnicht, Gänseblümchen oder Nelken ein.
Bei der Auswahl der Beeteinfassungen spielte neben den wirtschaftlichen Verhältnissen natürlich auch die Gegend eine Rolle. In Gebirgsgegenden wurden anstelle von Buchs in der Gegend vorkommende Steine verwendet, die oft schöne, sich ins Ganze einfügende Beeteinfassungen ergaben. Wo ärmlichere Verhältnisse herrschten, wurden einfache Bretter zur Beeteinfassung verwendet. Von Blumen und Kräutern umspielt, verloren sie ihren harten Charakter und erfüllten auf billige Weise ebenso ihren Zweck. Waren sie vermodert, so konnte man sie leicht durch neue ersetzen. Diese natürliche Einfassung aus Holz ist auch heute den Betonkantensteinen und grünen Plastikzäunen in jedem Falle vorzuziehen.
Wenn es unbedingt eine dauerhafte, arbeitsarme Einfassung sein soll, verwendet man am besten Naturstein wie zum Beispiel Kalkstein, Sandstein oder Granit. Anderes Material ist zu vermeiden, um den harmonischen Gesamteindruck des Gartens nicht zu zerstören.

Nutzen und Genießen

Wasser ist Leben

In jedem Fall gehört in einen richtigen Bauerngarten ein Brunnen oder zumindest ein Regenfass. Früher waren Brunnen weit verbreitet, denn man war zur Wasserversorgung auf sie angewiesen. Heute ist das anders. Überall gibt es fließendes Wasser, und wo man nur den Schlauch an den Wasserhahn kuppeln muss, ist ein Brunnen zur Seltenheit geworden. Auf manchen Höfen ist der Schacht noch da, aber mit einem großen Betondeckel abgedeckt und die Pumpe längst abmontiert. Hier wäre es im Rahmen der Gartengestaltung an

der Zeit, ihn wieder zum Leben zu erwecken: als Pumpbrunnen mit einer schönen altmodischen eisernen Pumpe oder als Schöpfpumpe aus Stein gehauen oder gesetzt. Diese **Schöpfbrunnen** bildeten in vergangenen Zeiten meist den Mittelpunkt des Bauerngartens und standen im Kreuzungspunkt der beiden Hauptwege, manchmal aber auch am Rande oder gleich neben dem Eingangstor.

Statt eines aufwendigen Brunnens stand an dieser Stelle häufig allerdings nur ein **Regenfass**. Es erfüllte auf preiswertere Weise denselben Zweck, nämlich das zum Gießen benötigte Wasser bereitzu-

stellen. Auch heute ist das altgediente Regenfass gefragt, denn abgestandenes Wasser aus der Gießkanne bekommt den Pflanzen, vor allem den frisch gesetzten Gemüsepflanzen, weit besser als der harte, kalte Strahl aus dem Gartenschlauch.

Man kann nun das Regenwasser direkt von der Dachrinne in die Tonne plätschern lassen, oder aber man besorgt sich eine ausklappbare Abflussrinne, die man in das Fallrohr einbaut und so je nach Bedarf das Wasser in die Tonne oder in die Kanalisation leitet.

Hervorragend eignen sich zu diesem Zweck Holzfässer, ob alt oder neu, denn Holz passt fast immer. Schwieriger sind da schon ausrangierte Blech- oder Plastikfässer, doch zur Not kann man auch sie verwenden, wenn man sie mit üppigem Pflanzenwuchs verdeckt. Rhabarber, Liebstöckel oder Kürbis wirken da wahre Wunder. Sehr sinnvoll ist auch das Sammeln des Regenwassers in unterirdischen **Zisternen**, von wo aus es bei Bedarf durch mechanische oder elektrische Pumpen entnommen werden kann.

Ein Platz zum Ausruhen

Der eine oder andere Leser stellt sich jetzt wohl allmählich die Frage, wie es denn mit einem Sitzplatz im Garten ausschaut, um das Ganze auch in Ruhe genießen zu können. Da ist es interessant zu wissen, dass der eigentliche Ruheplatz seit jeher eine untergeordnete Rolle spielte – ein Zeichen dafür,

Alte Blechgießkannen sind nicht nur nützlich zum Überbrausen der Jungpflanzen, sondern dienen auch der Dekoration.

Der rosenumrankte Bogen ist ein romantischer Blickfang und weist den Weg ins Reich der Bäuerin.

dass die Bäuerin sich eher im Haus oder auf der **Hausbank**, einer meist hölzernen Bank auf der Gred, d. h. dem Eingangsbereich, ausruhte. Dort saß sie gerne, und es ergab sich immer ein Gespräch mit vorbeikommenden Nachbarn oder Fremden, wobei Neuigkeiten ausgetauscht wurden; diese Unterhaltung wurde dem Alleinsein vorgezogen.

Dennoch traf man aber auch früher schon vereinzelt hübsche Sitz- und Ruheplätze an, das eine Mal sich direkt an das Haus anlehnend, das andere Mal in entgegengesetzter Richtung, oft von Schatten spendenden Blütenbüschen umgeben. Das war der Platz, wo man mit Stolz die Früchte der Arbeit betrachtete und die verschwenderische Blütenpracht im Gang der

Jahreszeiten bewunderte. Heutzutage ist dies ein echter Rückzugsort nach dem Stress des Arbeitstages. Auch **Gartenhäuschen** wurden erstellt, die von Kletterrosen, Geißblatt und Waldrebe umsponnen waren. Dies war dann ein beliebter Aufenthaltsort für Alt und Jung. Echte Schmuckstücke und Zeichen von Wohlstand waren **Pavillons und grüne Lauben**. Diese waren oft aus Hainbuchen oder Kornelkirschen gezogen – wegen ihrer Schnittverträglichkeit. Die Pflanzen wurden an einem Eisengestell gezogen und ein- bis zweimal im Jahr mit der Schere in Form gebracht. Aber auch Kletterpflanzen wie die Glyzinie, Rose, Wilder Wein und sogar Hopfen eignen sich zu diesem Zweck. Schlicht und harmonisch sollte dieser Aufenthaltsplatz im Freien gestaltet sein, um sich gut in das formale Gesamtbild einzufügen.

Schöne Blickfänge

Für schönen Tand war im Bauerngarten kein Platz. Der Bäuerin stand vor lauter Arbeit auch sicher nie der Sinn danach.

Die **Rosenkugeln**, die heute viele Gärten schmücken, kamen einst als »Glückskugeln« in die Gärten, und man hat ihnen geheimnisvolle Kräfte nachgesagt. Je nach Farbe sollten sie Unheil und Krankheiten vom Haus fernhalten, Liebe ins Haus bringen oder Hoffnung auf bessere Zeiten machen. Wesentlich greifbarere Erklärungen lieferte die Bäuerin selbst. Nach ihrem Dafürhalten hielten die im Sonnenlicht blitzenden Kugeln Greifvögel vom Hof ab, was dem frei laufenden Federvieh zugute kam.

Auf dünne Holzstangen aufgesteckt, unterstreichen diese oft warm schimmernden Glaskugeln den altmodischen Charakter der Bauerngartenrosen.

Der Garteneingang war oft mit einem **Blumenbogen** überspannt und diente so gleichsam als optischer Wegweiser. Konstruktionen aus Holz oder auch aus Eisen wurden mit einer Kletterrose, dem duftenden Geißblatt oder auch einer Waldrebe berankt und setzten so auf kleinstem Raum effektvolle Akzente – gibt es eine liebenswürdigere Art, zum Besuch eines Gartens einzuladen?

Da der Bauerngarten immer zur Sonne hin ausgerichtet war und sich oft direkt an das Haus anlehnte, ergab es sich häufig, dass die Hausmauer, die den Garten begrenzte, als **Spalierwand** für besonders Wärme liebende Gewächse wie Birne, Aprikose oder auch Wein genutzt wurde. Zierde und

Nutzen zu verbinden, ist ja seit Jahrhunderten beste Gartenkultur. Und der Spalier- und Obstanbau wurde von den Mönchen in den Klostergärten entwickelt. Dabei ist das Spaliergerüst nicht allein eine Rankhilfe für die Pflanzen, sondern mit seinen waagrechten und senkrechten Hölzern zugleich ein außerordentlich wirksames Gestaltungsmittel für die Hausfassade. Es sollte sich der Architektur des Hauses anpassen und eher unauffällig erscheinen.

Strenge, wohldurchdachte Schnitt- und Formiermaßnahmen sind erforderlich, um mit dieser Anbaumethode Erfolg zu haben. Erleich-

Auch ohne Bewuchs sollte ein Spaliergerüst attraktiv wirken.

Nicht nur zu Rosen machen sich die Rosenkugeln gut. Auch das Tränende Herz passt gut dazu.

Natürliche Materialien aus der Region

Überblickt man alle diese Bausteine, so ist auffallend, dass nicht nur auf Funktion, sondern vor allem auf harmonisches Aussehen geachtet werden muss. Dabei spielt in erster Linie die Verwendung natürlicher, traditioneller und regionaler **Baumaterialien** eine Rolle. Natürliche Stoffe wie Holz und Stein, und diese bearbeitet nach dem Motto »So wenig wie möglich und so viel wie nötig«, ergeben zusammen mit der richtigen Bepflanzung, die im nächsten Kapitel besprochen wird, das Bild eines Gartens, wie man ihn vielleicht aus der eigenen Kindheit kennt oder wie man ihn sich nach alten Erzählungen vorstellt.

Das Angebot an Materialien ist in der heutigen Zeit ungeheuer vielfältig. Die Wahl muss daher sehr sorgfältig und ohne jegliche Willkür getroffen werden, wenn man den Charakter eines bestehenden Bauerngartens nicht verderben will. Der Wunsch, einen neuen Bauerngarten nach diesen Gesichtspunkten anzulegen, will wohlüberlegt sein, denn die heutigen Bauformen, die ja nur selten mit der traditionellen bäuerlichen Bauweise übereinstimmen, bringen keine idealen Voraussetzungen dafür mit. Unter solchen Umständen bestehen manchmal Schwierigkeiten, einen Garten zu gestalten, der noch mit gutem Gewissen als Bauerngarten bezeichnet werden darf. Bäuerlicher Hausgarten wäre in diesem Fall die angebrachtere Bezeichnung.

tert wird die Erziehung durch die richtige Wahl der Veredlungsunterlage. Ein nicht zu unterschätzender Pflegeaufwand also, der jedoch honoriert wird. Wer sich das kunstvolle Formieren nicht selbst zutraut, kann sich Hilfe holen. Experten in Sachen Obstspaliere findet man in guten Baumschulen oder sogar im Obst- und Gartenbauverein vor Ort.

Richtig gepflegt schützen Obstspaliere die Hauswand vor praller Sonne, Regen und Wind, ohne die Fassade zu beschädigen. Blüte, Frucht und Herbstfärbung sorgen für wechselnde Blickfänge im Jahresverlauf.

Zauberhaften Gartenschmuck gibt es also auch im Bauerngarten. Gewarnt sei jedoch vor jeglicher Art von **Übertreibung**, sowohl material- als auch mengenmäßig. Niemals soll es so aussehen, als hätte man Zierelemente zur reinen Dekoration über den Garten verteilt. Nicht unruhig und durcheinander platziert, sondern geschmackvoll und gekonnt in Szene gesetzt unterstreichen diese Elemente den Charakter eines Bauerngartens.

Praktisches für Pflanze und Co.

Schutz für junges Grün

Ein wichtiges Hilfsmittel im Bauerngarten ist das **Frühbeet**. Es verlängert das Gartenjahr sowohl im Frühjahr als auch im Herbst und dient der Anzucht der Jungpflanzen. Ursprünglich war es wohl das Mistbeet, das die Bäuerin jedes Frühjahr mit reichlich Pferdemist packte, denn nur dieser macht so richtig »warm von unten«, wie sie sagte. Der Kasten aus Holz, der zur Erwärmung mit Fenstern abgedeckt wird, hat seinen besten Platz an einer sonnigen, geschützten Stelle im Bauerngarten und kann ein Gewächshaus, das optisch so gar nicht in den Bauerngarten passen will, fast ersetzen.

Es macht auch richtig Spaß, frischen Salat zu ernten, wenn andere erst an die Pflanzung denken, oder alle erdenklichen Jungpflanzen selbst heranzuziehen.

Werden die vorgezogenen Pflänzchen dann auf's Beet gesetzt, fallen oft die Vögel über dieses zarte Grün her. Auch da wusste sich die Bäuerin zu helfen. Einfache **Vogelscheuchen**, aus Kartoffeln und Federn gebastelt und freischwebend über das Beet gehängt, taten hier ihren Dienst. Aber auch Gartenwächter aus Stroh, Kartoffelsäckchen und vielem anderen mehr wurden eingesetzt. Diese Scheuchen aus Naturmaterialien sind sicher schöner anzusehen als so manch anderes, was zum Zwecke

der Vogelvergrämung im Handel angeboten wird.

Staudenhalter und Rankhilfen

Richtig bewährt haben sich in den üppig blühenden Staudenpflanzungen des Bauerngartens sogenannte **Staudenhalter**. Diese Stützgerüste aus Eisen, die mit ein bisschen Geschick leicht selbst herzustellen sind, geben den höher wachsenden Stauden Halt, sodass sie nicht so leicht von Wind und Regen umgeworfen oder niedergedrückt werden können. Wichtig dabei ist, dass die Stützhilfen schon frühzeitig an die Pflanzen gebracht werden, sodass diese durch sie hindurchwachsen können und nicht angebunden werden müssen. Mit Bögen, Schnecken oder Zwiebeln

verziert, sind sie nicht nur nützlich, sondern auch Zierde im Garten und passen leicht angerostet bestens in das Bild des Bauerngartens der heutigen Zeit.

Bei etlichen Stauden ist es auch möglich, durch einen gezielten Rückschnitt ihre Standfestigkeit zu erhöhen. So treiben Astern, Phlox oder Sonnenbraut nach dem Entspitzen aus den Blattachseln neue Blütentriebe, stehen auf besseren Füßen und fallen nicht mehr so leicht auseinander.

Eher aus Holz als aus Eisen sind die **Rankhilfen**, an denen Bohnen emporklettern oder Himbeeren gezogen werden. Die klassischen Bohnenstangen sind seit jeher lange, geschälte Fichtenstangen.

Staudenhalter bewahren hoch wachsende Arten vor dem Auseinanderfallen.

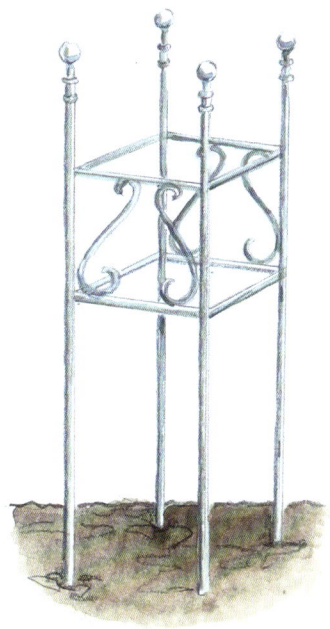

Eiserne Rankgitter passen hervorragend in den Bauerngarten, vor allem zu Rosen und Clematis.

Gerne nehmen hochwachsende Stauden ein Gerüst aus geknickten Zweigen als Stützhilfe in Anspruch.

tet, um später von jedem etwas entnehmen zu können. Das Ganze wurde dick mit Stroh abgedeckt und mit dem Erdaushub überdeckt. So war der Vitaminvorrat für die kalte Jahreszeit gesichert.

Für die eigene Ernte ist dieses Verfahren durchaus heute noch zu empfehlen, sorgt doch die hohe Luftfeuchtigkeit in der Miete dafür, dass das Gemüse frischer bleibt als in jedem Keller. Auch ein leer stehendes Frühbeet kann so im Winter umgenutzt werden.

Praktisch und schön: ein fester Arbeitsplatz

Die Pflege und Nutzung eines Bauerngartens ist mit viel Arbeit verbunden, das sollte nicht vergessen werden. Eine gewisse Arbeitserleichterung bringt dabei ein fester Arbeitsplatz. Geschützt an die Haus- oder Scheunenwand angelehnt, tun hier ein ausrangierter Tisch, eine alte Kommode oder einfach ein dickes Brett, über zwei Holzböcke gelegt, gute Dienste. Hier ist der Platz für Töpfe, Aussaatschalen, Setzholz, Bindedraht und Gartenschere, kurz für alles, was man im Garten stets griffbereit haben sollte. Und in der schönen Umgebung des Gartens geht einem das Pikieren, Umtopfen oder Gemüseputzen viel leichter von der Hand. Hat man sich einmal an so einen Pflanztisch im Garten gewöhnt, möchte man ihn nicht mehr missen, denn er spart viel Zeit und Wege. Außerdem hat er neben seiner praktischen Seite auch noch einen gewissen dekorativen Effekt.

Diese sind preiswert, einfach aufzustellen und wirken weniger künstlich als viele moderne Stützen aus Metall oder gar Plastik. Je nach Platz oder auch Geschmack können sie zeltförmig oder in Doppelreihen mit eingeschobener Querstange aufgestellt werden und Stangenbohnen, Feuerbohnen, aber auch einjährige Kletterer wie Kapuzinerkresse oder Schwarzäugige Susanne zu Himmelsstürmern machen.

Sogar kletternde Zucchini, wie die Sorte 'Black Forest', erklimmen mit etwas Hilfe die Stangen und erfreuen so erst das Auge und dann den Gaumen, womit wieder das Schöne mit dem Nützlichen verbunden wird.

Lagerung in der Erdmiete

Um auch im Winter frisches Gemüse zu haben, musste die Bäuerin den nötigen Vorrat selbst anlegen. Nach den ersten Nachtfrösten war es Zeit, auch das Lagergemüse zu ernten.

Wie in der Landwirtschaft das Futter für das Vieh in Mieten auf dem Feld gelagert wurde, so war eine Erdmiete auch der ideale Lagerort für das **Wurzelgemüse**. Dazu wurde in gut zugänglicher, geschützter Lage das Erdreich etwa 80 cm breit und 30 cm tief ausgehoben und das Gemüse (Gelbe Rüben, Sellerie, Pastinaken, Rote Bete etc.) lagenweise aufgeschich-

Unverzichtbar ist im Bauerngarten das Frühbeet, um schon frühzeitig eigenes Grün ernten zu können.

Die Pflanzen
im Bauerngarten

Blütenpracht und Erntegut

Die Frage »Gibt es eine eigene Pflanzenwelt der Bauerngärten?« ist schwierig zu beantworten, denn Pflanzen, die ausschließlich in Bauerngärten angebaut wurden, sind selten geworden. Diese reinen Bauerngartenpflanzen waren vor allem solche, die für einen speziellen bäuerlichen Zweck gezogen wurden, sei es als Heilkraut für das Vieh, als »Riechpflanze« oder für einen bäuerlichen oder religiösen Brauch. Und eben diese Bräuche und Verwendungszwecke sind abgeschafft worden oder in Vergessenheit geraten und mit ihnen die dazugehörigen traditionsverbundenen Pflanzen.

Auf der anderen Seite kann man sagen, dass sich typische Bauerngartenpflanzen durch bestimmte Merkmale und Eigenschaften auszeichnen, durch die sie sich von der großen Anzahl an Gartenpflanzen unterscheiden und insofern doch eine eigene Gruppe bilden.

Pflegeleicht und dankbar

So gedeihen die meisten Bauerngartenpflanzen ganz gut bei extensiver Pflege. Dies ist gut verständlich, wenn man bedenkt, dass Bäuerinnen nicht viel Zeit in die Gartenarbeit investieren konnten und eben nur das sich halten und behaupten konnte, was dennoch gedieh.

Zu diesem Punkt gehört auch, dass viele **Bauerngartenstauden** am liebsten jahrelang, ja jahrzehntelang am selben Ort stehen. Denkt man nur an die wunderbare Pfingstrose, die ja erst nach vier bis sechs Jahren ihre volle Pracht entfaltet und jeden Umsetzungsversuch übel nimmt. Für zeit- und arbeitsaufwendige Umpflanzungsaktionen war früher keine Zeit, und Pflanzen, die stark zur Tonsurbildung neigten und am liebsten alle zwei Jahre aufgenommen, geteilt und versetzt werden wollen, verschwanden wieder aus dem Bauerngarten. Andere dagegen wurden von Generation zu Generation weitervererbt.

Eine andere auszeichnende Eigenschaft ist die des leichten Aussamens. **Ein- und zweijährige Arten** wie Ringelblume, Borretsch, Jungfer im Grünen, Fuchsschwanz, Vergissmeinnicht, Goldlack, Judassilberling und Fingerhut samen sich in großen Mengen aus und man lässt sie am besten dort wachsen, wo sie gekeimt haben. So durchwandern manche Arten den ganzen Garten und jedes Jahr ergibt sich ohne viel Dazutun ein anderes buntes Bild.

Manche Bauerngartenpflanzen lieben den mit Mist angereicherten fruchtbaren Boden, so etwa der Eisenhut, die Dahlie, die Goldgarbe und die Stockrosen. Nicht zu vergessen der Schwarze Holunder, der am besten zum Beschatten des Komposthaufens geeignet ist.

Üppiger Blütenreichtum

Auffallend ist, dass in früheren Jahren vor allem gefüllt blühende Formen in den Garten aufgenommen wurden. Sie wurden als Besonderheiten angesehen und erfuhren eine entsprechende Wertschätzung. So kamen **gefüllt blühende Formen** von Sumpfschafgarbe, Stockrose, Marienglockenblume, Leberblümchen, Akelei, Gänseblümchen und vielen anderen in die Gärten. Dieser barocke Einschlag hat sich bis heute erhalten und was wäre ein Bauerngarten ohne die üppigen Tausendschönchen im Frühjahr und ohne Stockrosen im Sommer?

Bauerngartenpflanzen sind also bewährte Pflanzen, farbenfroh, robust und pflegeleicht. Was will man eigentlich mehr?

Das harmonische Miteinander von Blumen, Gemüse und Gehölzen ist es, was den Charme des Bauerngartens ausmacht.

Die Auswahl ist groß und doch, oder vielleicht gerade deshalb, nicht immer einfach. Die Wahl muss immer so getroffen werden, dass sich die neuen Pflanzen in das Vorhandene einfügen, ohne zu stören. Bei Neuanlagen gilt es zudem zu bedenken, dass man zwar ein dauerhaftes Gerüst aus mehrjährigen Pflanzen geben kann, sich das besondere Zusammenspiel von Stauden, Gehölzen, Zwiebel- und Knollengewächsen, Ein- und Zweijährigen, Heil- und Gewürzpflanzen und schließlich Gemüse erst im Laufe der Jahre ergibt. Einen Bau-

erngarten »wie aus dem Bilderbuch« kann man nicht von heute auf morgen anlegen, sondern man muss ihn wachsen, ja reifen lassen. Die klassische Einteilung der Freilandzierpflanzen erfolgt in drei Bereiche: **Gehölze, Stauden, Ein- und Zweijährige.** Da Gehölze im Bauerngarten eher eine untergeordnete Rolle spielen, werden hier zuerst die Stauden beschrieben, die als Gerüstbildner des Bauerngartens eine wichtige Funktion erfüllen. Es folgen die Zwiebel- und Knollengewächse, die bunten Sommerblumen, Kräuter, Gemüse,

Obst, Rosen und andere Ziergehölze sowie traditionelle Hofbäume und zuletzt Kübelpflanzen und Ruderalflora.

Im Anschluss werden sie nun vorgestellt, die Bauerngartenpflanzen, geordnet nach den o. g. Gruppen und innerhalb dieser nach deutschen Namen. Und da es zu weit führen würde, alle genau zu beschreiben, werden die einen mehr, die anderen weniger ausführlich oder gar nicht behandelt, was jedoch kein Urteil über die Pflanzenwürdigkeit beinhaltet.

Stauden – die Gerüstbildner

Viele Gartenfreunde denken bei dem Wort Stauden an Sträucher, ja sogar Gestrüpp, aber nicht an die farbenprächtige, vielgestaltige Pflanzengruppe der Perennierenden, die sich durch eine mehr oder minder lange Lebensdauer auszeichnet. Im Herbst sterben bei den meisten Stauden die über dem Boden wachsenden Teile ab, im darauffolgenden Frühjahr erwachen die überwinternden Wurzelstöcke, Rhizome, Knollen und Zwiebeln zu neuem Leben. Einige Stauden wie zum Beispiel die Christrose bilden hier Ausnahmen, die ja bekanntermaßen die Regel bestätigen; sie bleiben auch den Winter über grün.

Blütenstauden

Wegen ihrer Dauerhaftigkeit, ihres Blütenreichtums und ihrer oft weithin leuchtenden Farben – das Ergebnis jahrzehntelanger Auslese und Züchtung – sind Stauden im Bauerngarten seit jeher äußerst beliebt. Der Rhythmus der Stauden, ihr Wachsen, Blühen, Vergehen und Auferstehen, erfüllt den Bauerngarten mit starkem Leben und lässt uns den Wechsel der Jahreszeiten auf besonders schöne Weise miterleben.

Während in der hohen Kunst der Gartengestaltung Farben sehr bewusst eingesetzt werden, darf es im Bauerngarten kunterbunt zugehen.

Akelei

(Aquilegia vulgaris)

Die Akelei ist eine heimische Pflanze, die einen halbschattigen Stand liebt. Sie wird schon seit Jahrhunderten in vielen Kulturformen gepflegt. Neben der ursprünglichen blauen Blütenfarbe gibt es violette, rosa, gelbe und weiße, geränderte, gesprenkelte und gefüllte Sorten. Durch ihre graziöse und anmutige Erscheinung

Akeleien fühlen sich besonders im Halbschatten wohl.

wirken sie sehr reizvoll und lassen sich gut mit anderen Halbschattenstauden wie Tränendes Herz und Eisenhut kombinieren.

Sagt ihnen der Standort zu, vermehren sie sich sogar durch Selbstaussaat, werden aber nie lästig. In der frühen Volksheilkunde galt die Akelei seit den Schriften der hl. Hildegard von Bingen als wirksames Mittel zur Behandlung offener Wunden und Geschwüre, wobei die adstringierende Wirkung des frischen Pflanzensaftes nicht ohne Effekt gewesen sein dürfte. Bald aber vergaß man ihre arzneiliche Anwendung und pflanzte sie nur mehr wegen ihrer Schönheit in den Garten.

Aster

(Aster-Arten)

Astern sind Staudengäste aus Nordamerika. Diese besonders große Staudenfamilie lässt sich in mehrere Arten unterteilen.

Im Bauerngarten schon länger beheimatet ist die im Folgenden zuerst genannte Art, doch auch die anderen Asterarten fügen sich gut in das Bild ein.

Glattblatt-Astern *(Aster novibelgii)* sind hohe Gewächse mit glatten Blättern und kriechendem Wurzelstock. Gemäß ihrem ursprünglichen Standort, den feuchten Niederungen Nordamerikas, sind sie im Garten auf reichliche Bodenfeuchtigkeit angewiesen. Sommerliche Ballentrockenheit führt zu schlechter Blütenentwicklung und vor allem zu Mehltaubefall. Die Anfälligkeit hierfür ist jedoch auch sortenbedingt, sodass man statt der alten vererbten Pflanzen besser neuere Sorten pflanzt, etwa 'Dauerblau', 'Schöne von Dietlikon' (beide blau) oder 'Fuldatal' (violettrot). Im Gegensatz zu den meisten Pflanzen des Bauerngartens neigt diese Art im Alter zur Tonsurbildung. In diesem Fall nimmt man die Pflanze im Früh-

jahr auf, teilt den Randbereich in faustgroße Stücke und pflanzt diese neu ein. Noch im gleichen Jahr ergeben sie kräftige, blühende Pflanzen, die in der Nachbarschaft von kleinblumigen Dahlien oder der Lampionblume besonders gut zur Geltung kommen.
Ein unverwechselbares Merkmal der **Raublatt-Astern** (*Aster novae-angliae*) sind ihre behaarten Blätter

Wahre Sonnenkinder sind die Raublatt-Astern.

Astern sind eine große Staudenfamilie. Von ihnen kann man nie genug im Garten haben.

sowie die etwas nachteilige Eigenschaft, dass sich ihre Blüten bei trübem Wetter sowie abends und im abgeschnittenen Zustand schließen. Wie *Aster novi-belgii* liebt auch sie einen etwas feuchten Stand, neigt aber nicht so zur Tonsur und ist auch bei Weitem nicht so mehltauanfällig. Gerade diese Art wurde züchterisch intensiv bearbeitet, sodass es heute eine große Zahl von wertvollen Sorten in den unterschiedlichsten Farbtönen gibt. Von Blau über Lilarosa bis zu Karminrot spannt sich die Palette. Seit geraumer Zeit gibt es sogar eine Sorte in leuchtendem Lachsrot ('Alma Poetschke') und in großblumigem Weiß ('Herbstschnee'). Hier sollte man sich nicht scheuen, neue Sorten in den Bauerngarten zu bringen, denn oft sind sie in Blütenfülle, Standfestigkeit, Farbigkeit und auch Widerstandsfähigkeit gegen Krankheiten den alten überlegen.
Wie Zwerge stehen die **Kissen-Astern** (*Aster dumosus*) zu Füßen der meterhohen Glatt- und Rau-

Tonsurbildung: Ein langsames Absterben der Pflanze von innen nach außen, welches ein Teilen und Umpflanzen erforderlich macht.

blatt-Astern. Nur 20–50 cm werden sie hoch und finden so am besten an den Beetkanten im Vordergrund Verwendung. Bei ihren Ansprüchen gilt dasselbe wie bei ihren hohen Verwandten, wobei man beobachten kann, dass sie umso empfindlicher sind, je kleiner sie bleiben. Pflanzt man sie in kleinen Gruppen, so bringen sie im Herbst als Farbtupfer den Garten zum Leuchten. 'Prof. Anton Kippenberg' (blauviolett), 'Heinz Richard' (rosa) und 'Wachsenburg' (violettrosa) sind nur einige Sorten aus dem großen Sortiment, das im Laufe der Zeit durch die züchterische Bearbeitung entstanden ist. Schließlich müssen noch die **Myrten- und Schleier-Astern** (*Aster ericoides* und *Aster cordifolius*) erwähnt werden, zierliche, kleinblütige Geschöpfe, die reich verzweigt und feinlaubig sind und sich ihren Wildcharakter bewahrt haben. Wenn sie ihre Blüten öffnen, sieht es aus, als hätte es über diesen Stauden frisch geschneit. Als dekoratives Beiwerk und als Schleierkrautersatz werden sie gerne für floristische Gebinde verwendet und verleihen den Werken einen bäuerlichen Charme.

Brennende Liebe

(Lychnis chalcedonica)

Diese reizende Staude stammt aus Sibirien, ist völlig anspruchslos und äußerst blühwillig. Wie aus dem schönen Namen schon zu erahnen, ist sie eine vom Mythos umgebene alte Liebespflanze. Außerdem ist sie ein Liebling im Bauerngarten und darf dort einfach nicht fehlen. Ihre feurig roten Blütendolden passen hervorragend zu dunkelblauem Rittersporn oder Salbei.

Christrose

(Helleborus niger)

Sie blüht reinweiß und wird auch Schneerose oder Schwarze Nieswurz genannt. Sie dürfte sich um 1570 in den Bauerngärten angesiedelt haben, gehörte bald zu den beliebtesten Pflanzen, und die Aussicht, an Weihnachten einige blühende Christrosen zu besitzen,

Die Brennende Liebe zählt zu den bekanntesten und auch beliebtesten Bauerngartenpflanzen.

Christrosen sind im Garten sehr langlebig und entwickeln sich zu großen Horsten.

und in lichten Wäldern vor, auch an Quellen und Bächen. In der Nähe von Sennhütten trifft man ihn oft in großer Menge, zum einen, weil er Lägerfluren – das sind die nährstoffreichen Standplätze der Weidetiere – liebt, zum anderen, weil er vom Vieh nicht abgeweidet wird. Anscheinend wissen diese um seine Giftigkeit. Wegen seiner Toxizität wurde er auch im Bauerngarten angepflanzt. Der Saft seiner rübenförmigen Wurzeln wurde zur Ungezieferbekämpfung, ja sogar zum Töten von Hunden und Wölfen verwendet. Heute bedient man sich dazu wohl anderer Methoden, aber auf den Eisenhut oder Sturmhut, wie er auch genannt wird, sollte man im Garten dennoch nicht verzichten. Setzt man ihn in lichten Schatten, versorgt ihn gut mit Wasser und Nährstoffen und lässt ihn dort jahrelang stehen, so blüht er von Jahr zu Jahr reicher.

Neben der ursprünglich blauen Wildform gibt es auch den **Bayern-Eisenhut**, eine blau-weiß blühende Sorte (*A. napellus* 'Bicolor'),

war lange Zeit das Verlangen einer jeden Bäuerin. Als immergrüne Pflanze gilt sie als Symbol für Ewigkeit und Leben und wurde deshalb zusammen mit Buchs, Efeu und Immergrün auch oft an Friedhöfen angetroffen.

Setzt man Christrosen an einen etwas geschützten, halbschattigen Platz in lehmige, kalkhaltige Erde und lässt ihnen Zeit, so entwickeln sie sich zu großen, reichblühenden Horsten. Gut in ihre Gesellschaft passen frühblühende Zwiebelgewächse, aber auch das Leberblümchen, das Tränende Herz und der Waldsauerklee.

Eisenhut

(Aconitum napellus)

Sein Verbreitungsgebiet liegt in den Alpen und Karpaten. Dort kommt er auf freien Gebirgsfluren

Die helmartigen Blüten des Eisenhuts sind nur von Hummeln richtig zu entleeren.

die man in alten Bauerngärten noch oft vorfindet. In Gemeinschaft mit Madonnenlilien, Iris und Pfingstrose, die aber alle etwas sonniger stehen wollen, lässt er das Herz eines jeden Bauerngartenfreundes höher schlagen.

Gämswurz

(Doronicum pardalianches)

Die heimische Kriechende Gämswurz war früher in den Bauerngärten stark verbreitet. Später wurde sie durch die Kaukasische **Gämswurz** *(D. caucasicum)* weitgehend verdrängt, da diese wesentlich früher blüht. Diese Art mit ihren gelben Margeritenblüten kombiniert man im Bauerngarten am besten mit Kaiserkronen, Traubenhyazinthen und frühblühenden Tulpen. Sandig-lehmiger Boden sichert gesundes Gedeihen, und nach einigen Jahren lässt sie sich nach der Blüte durch Teilung gut vermehren.

Goldbällchen

(Ranunculus acris 'Multiplex')*

Diese gefüllt blühende Form des heimischen Hahnenfußes wurde einst in den Garten aufgenommen, doch kennt sie heute kaum noch jemand – ein Grund mehr, diese goldgelbe, gefüllte Butterblume wieder zusammen mit Tausendschönchen und Vergissmeinnicht anzupflanzen. Im Gegensatz zur Wildform treibt das Goldbällchen keine Ausläufer und lässt sich daher

Die Gämswurz ist nicht nur ein dankbarer Frühlingsblüher, sondern auch eine vorzügliche Schnittblume.

gut mit anderen Gartenpflanzen kombinieren. Einige Staudengärtnereien haben es als *Ranunculus acris* 'Multiplex' in ihr Angebot aufgenommen.

Goldrute

(Solidago canadensis)

Als sie im 17. Jahrhundert aus dem atlantischen Nordamerika eingeführt wurde, fand sie nicht nur in Gärten Platz, sondern verbreitete sich rasch und prägt heute besonders zur Blütezeit Bahndämme, Flussauen und Müllhalden. Die wuchernde und mit der Zeit lästig werde Wildform wird man sich heute nicht unbedingt in den Garten setzen, gibt es doch zahlreiche Züchtungen, denen diese Untugend abgewöhnt worden ist. Gartenhybriden wie 'Strahlen-

krone' und 'Ledsham' etwa zeigen bei all ihrer Robustheit nichts vom ungezügelten Ausbreitungsdrang ihrer Vorfahren. Als effektvolle Beetstauden bringen sie den Garten des Spätsommers aber noch einmal richtig zum Leuchten.

Vor allem als wilder Gartenflüchtling bekannt ist die Goldrute.

Indianernesseln gibt es in zahlreichen Sorten. Diese hier hat den schönen Namen 'Gardenview Scarlet'.

Indianernessel

(Monarda didyma)

Was wäre der Bauerngarten ohne das Rot der Indianernesseln? Im 17. Jahrhundert kam diese Pflanze aus Nordamerika in den Bauerngarten und wurde dort wegen ihres Melissenduftes zur Teegewinnung kultiviert. In den Staudengärtnereien erhält man selten diese Wildform (Monarda citriodora), zumeist sind es Hybriden in unvergleichlich schönen Rottönen, ja sogar in Lila und Weiß kann man sie finden. Als Gäste aus Nordamerika lieben die Monarden Sonne und nährstoffreiche, frische bis feuchte Böden. Stalldung- oder Kompostgaben im Frühjahr danken sie im Sommer mit Dutzenden von Blütenständen, die ein Lieblingsfutterplatz der Bienen sind. Im Garten passt die Indianernessel gut zu anderen Stauden gleicher Herkunft wie Goldrute und Mädchenauge, ihre Wirkung kann aber auch gut durch Einjährige unterstrichen werden. Getrocknete Blätter und Blüten bewahren sowohl ihre Farbe als auch ihren Duft und eignen sich dadurch sehr gut für Potpourris.

Kermesbeere

(Phytolacca acinosa)

Eine sehr stattliche Blattpflanze, die zwar unscheinbar blüht, aber später durch ihre roten bis schwärzlichen Beeren auffällt. Der Name stammt wohl vom persischen Wort »kermes« für rot. Der Saft ihrer Früchte diente ehemals zum Nachfärben von Rotwein und zum Anfärben von allerlei Zuckerzeug. Heute ist der Einsatz als Lebensmittelfarbstoff verboten, denn die Beeren sind, wie die gesamte Pflanze, giftig.

Die Pflanze versamt sich leicht und wird vor allem von Vögeln verbreitet, weshalb man sie häufig auch verwildert antrifft. Als Standort bevorzugt sie humosen Lehm und einen sonnigen Platz.

Die Kermesbeere ist eine »Nordamerikanerin« mit großer Vergangenheit.

Lampionblume

(Physalis alkekengi)

Aus dem amerikanischen Kontinent kam dieses Nachtschattengewächs in unsere Gärten. Ihren Namen Lampionblume verdankt sie ihren leuchtend orangefarbenen, ballonartigen Kelchhüllen. Da diese einer Kopfbedeckung der Juden im Mittelalter gleichen, erhielten sie auch die Bezeichnung Judenkirsche.

Die Beeren der Lampionblume sind im Gegensatz zu ihrer nahen Verwandten, der Andenbeere *(Physalis peruviana)*, nicht genießbar. Die Pflanze ist aber wegen ihrer auffallenden Blütenkelche als Schnitt- und Trockenblume sehr beliebt. Vor allem in den letzten Jahren ist sie zu einer richtigen Modepflanze avanciert. Nur einen gravierenden Nachteil hat diese hübsche, vielseitige Staude: Sie benimmt sich im Garten wie Unkraut. Man kann ihre wuchernden Rhizome nur in Schach halten, wenn man sie in einen alten Kessel pflanzt und diesen samt der Pflanze in die Erde einsenkt. Eventuell über den Rand wachsende Ausläufer lassen sich dann leicht mit dem Messer entfernen.

Mohn, Türken-Mohn

(Papaver orientale)

Aus dem Orient kam Anfang des 8. Jahrhunderts der Mohn in die Bauerngärten und war dort wegen seines kräftigen Rots stets eine der Lieblingspflanzen der Bäuerin. Ihr

Was wäre der Spätsommer ohne das leuchtende Orange der Lampionblume?

Garten bekam schon im Mai/Juni einen auffallend leuchtenden Farbfleck. Kombiniert man dieses brennende Rot mit dem Azurblau oder Dunkelviolett früher Ritterspornsorten, so steigern sie sich gegenseitig in ihrer Leuchtkraft.

Wegen seiner langen Pfahlwurzeln steht der Türken-Mohn am liebsten im tiefgründigen Boden und hasst jegliches Verpflanzen. Ist dies doch einmal nötig, dann nur nach der Blüte, wenn er beginnt einzuziehen. Heute sind ungewöhnlich großblütige, starkstänglige Sorten im Handel, die den Bauerngarten auch mit neuen Farbtönen bereichern.

Die weithin sichtbaren roten Mohnblüten sind äußerst kurzlebig und wohl deshalb besonders reizvoll.

Pfingstrose

(Paeonia officinalis, P. lactiflora)

Die **Bauernpfingstrosen** mit ihren dicken, prallen Blüten kamen Mitte des 16. Jahrhunderts als Abkömmlinge der südosteuropäischen *Paeonia officinalis* in die Gärten. Sie sind auch jene, die wirklich an Pfingsten blühen. Doch wurden sie mancherorts stark von den spät blühenden **Edelpfingstrosen** *(P. lactiflora)* aus dem Fernen Osten verdrängt. Erst in neuerer Zeit kommen die barocken Formen der Bauernpfingstrose wieder in Mode.

Setzt man eine Pfingstrose in den Garten, so muss man mehrere Faktoren beachten, wenn man später Freude an ihr haben will: Zunächst sollte der Standort sorgfältig ausgewählt werden, denn nur wenn sie jahrelang ungestört am gleichen Platz steht, entfaltet sie sich in ihrer ganzen Pracht. Daneben ist es sehr wichtig, auf die Pflanztiefe zu achten: 5 cm Erdbedeckung sind genug. Sie muss »die Sonne riechen« können. Kommt sie zu tief in den Boden, verkümmert sie, und es dauert Jahre, bis sie Blüten ansetzt. Ferner ist bei der Pflan-

Ein schöner Brauch, der in Bayern da und dort noch anzutreffen ist, brachte der Pfingstrose den Beinamen »Antlass-« oder »Prangrose« ein: Am Fronleichnamstag (Antlasstag, Prangtag) schmücken die jungen Mädchen den Weg der Prozession mit den Blütenblättern der Pfingstrose. Dies ist ein lebendiges Beispiel dafür, wie Bauerngartenpflanzen in das kirchliche Brauchtum eingebunden waren.

Je älter, desto schöner werden die Pfingstrosen, die es lieben, jahrelang unberührt am selben Platz gedeihen zu dürfen.

zung die Jahreszeit zu berücksichtigen. Pflanzen aus dem Container kann man eigentlich während der gesamten Vegetationszeit setzen. Pflanzen aber, die ausgegraben und geteilt werden, setzt man jedoch am günstigsten im Spätsommer, da zu dieser Zeit die Wurzelbildung beginnt und die Pflanze so gleich am neuen Standort einwachsen kann. Eine tiefe Bodenbearbeitung und gut bemessene Kompostgaben begünstigen diesen Vorgang.

Tief verwurzelt war diese Pflanze im bäuerlichen Brauchtum und Aberglauben, aber auch als Heilpflanze wurde sie verwendet. Doch dürfte die Gabe von Pfingstrosenwurzel gegen Gicht und Fallsucht – Krankheiten, bei denen sie häufig eingesetzt wurde – zwecklos sein. Und völlig abergläubisch ist sicherlich das Umhängen von Halsketten aus Pfingstrosensamen, um kleinen Kindern das Zahnen zu erleichtern bzw. gegen das »Beschreien« zu schützen.

»Ein Leben ohne Phlox ist ein Irrtum.« Wie recht hat doch Karl Foerster, der große Staudengärtner aus Potsdam.

Phlox

(Phlox paniculata)

Ohne Zweifel gehören Phloxe zu den ausdrucksstärksten und schönsten Stauden im Garten. Dank ihrer berauschenden Blütenfülle haben sie vor allem im letzten Jahrhundert eine weite Verbreitung in den Bauerngärten erfahren. Da kann man kaum glauben, dass diese uns so vertraute Staude ihre Heimat in Nordamerika hat.

Besonders eine leuchtend rosafarbene Sorte (wahrscheinlich *Phlox paniculata* 'Württembergia') trifft man immer wieder an, und ab und zu auch eine in Reinweiß. Das Sortiment ist jedoch wesentlich reicher. Von Hellrosa über Lachsfarben bis Rot, von Hellviolett über Lilarot bis Tiefviolettrot reicht das Farbenspektrum. Dazu kommen Sorten mit weißem oder rotem Auge. Wer findet da wohl keinen Lieblingsphlox für sich und seinen Garten? »Ein Leben ohne Phlox ist ein Irrtum« schrieb schon Karl Foerster, der große Gärtner und Pflanzenzüchter, voller Begeisterung über eine der farbenprächtigsten und üppigsten sommerlichen Stauden. Mischt man frühe, mittlere und späte Sorten, so reicht die Phloxblüte von Anfang Juli bis in den September hinein.

In der Nachbarschaft von gefüllten weißen Margeriten macht sich der Sommerphlox im Bauerngarten besonders gut. Aber auch einjährige Malven lassen sich gut mit ihm vergesellschaften.

Besonders schön gedeiht der Phlox im Voralpengebiet, findet er doch dort vor, was er von seinem Wildstandort, den Flusstälern Nordamerikas, gewohnt ist: frische, nährstoffreiche, humose Böden und ausreichend Niederschlag.

Rittersporn

(Delphinium-Hybriden)

In einigen Bauerngärten, vor allem in Alpennähe, findet man heute noch die Stammform der Ritter-

Rittersporne zählen zu den wichtigsten blauen Farbspendern im frühsommerlichen Garten und bezaubern durch ihre Eleganz.

sporn-Hybriden. Dieser *Delphinium elatum* ist eine Art, die wild in den Alpen, Karpaten und Pyrenäen vorkommt. Er besitzt sehr gesunde und robuste Eigenschaften, hat dafür aber relativ kleine Blüten. Im Handel ist er so gut wie nicht mehr erhältlich, stattdessen gibt es zahlreiche mehr oder weniger gute Kreuzungen.

Weit verbreitet sind heute die durch Samen gezogenen, riesenblumigen **Pacific-Hybriden** aus Amerika. Ihre Standfestigkeit im Garten lässt jedoch oft zu wünschen übrig. Empfehlenswerter sind da schon die ***Delphinium*-Elatum-Hybriden** und auch die weniger mächtigen **Belladonna-Sorten**. Diese beiden Gruppen zeichnen sich durch einen bedeutend besseren Stand aus und sind durch einen Rückschnitt nach der Blüte auf 10 cm zu einer Nachblüte im Herbst anzuregen.

Viele dieser Hybridsorten stammen aus der Arbeit von Karl Foerster, dessen Zuchtziele reine Farben, Standfestigkeit, Langlebigkeit und Mehltauresistenz waren. Hinter Namen wie 'Kleine Nachtmusik', 'Berghimmel', 'Jubelruf' und 'Ouvertüre' stecken ausgesprochene Bereicherungen für den Garten. Die vielerlei Blautöne des Rittersporns harmonieren im Bauerngarten besonders gut mit dem Weiß der Madonnenlilie und dem Rosa der wunderbaren Zentifolie. Ebenso wie diese liebt er einen frischen, lehmig-humosen Gartenboden in voller Sonne.

Schafgarbe

(Achillea filipendulina)

Diese auch Goldgarbe genannte Staude mit ihren tellerförmigen, leuchtend gelben Blüten ist ebenfalls eine alteingesessene Bauerngartenblume. Ein bäuerlicher Strauß ohne sie wäre unvollkommen.

Will man sie trocknen, so muss man sie gleich nach dem Aufblühen schneiden und in kleinen Bündeln an einem trockenen, luftigen und schattigen Ort kopfüber aufhängen. Anspruchslosigkeit und eine hohe Lebensdauer zeichnen diese unverwüstliche Staude aus dem Kaukasus aus.

Schöne Kombinationen ergeben sich mit blau oder violett blühenden Partnern wie Salbei, Rittersporn oder Bergflockenblume, die ebenfalls gut in den Bauerngarten passen.

Einst war die Schafgarbe eine begehrte Trockenblume.

Seifenkraut

(Saponaria officinalis)

Als Zier-, Heil- und Waschpflanze wurde diese ursprünglich im Süden Mitteleuropas heimische Wildstaude jahrhundertelang in den Gärten gezogen. Die getrockneten Wurzeln wurden in Wasser gekocht und lieferten wegen ihres hohen Saponingehalts eine schäumende Flüssigkeit, die als Waschmittel – vor allem für Wolle – diente.

Die blassrosafarbenen, ungefüllten Blüten der Wildform duften gegen Abend und locken so Nachtfalter an. Gefüllt blühende Züchtungen wie 'Alba Plena', 'Rosea Plena' und 'Rubra Plena' eignen sich hervorragend zum Schnitt. Sie sind jedoch zurückhaltender im Duft, und auch ihre Rhizome breiten sich nicht so ungestüm aus wie die der Wildform.

An zusagenden Stellen wie zum Beispiel Wegrändern oder Flussufern ist das Seifenkraut als Gartenflüchtling heute verwildert anzutreffen und bereichert die heimische Flora.

Schwertlilie

(Iris germanica)

Schwertlilien oder Bartiris, wie sie auch genannt werden, gehörten schon immer zu den Leitpflanzen

Das Seifenkraut in seiner gefüllten Form ist ganz typisch für den Bauerngarten.

Die stolze Schwertlilie liebt volle Sonne und durchlässigen Boden.

des Bauerngartens. Meist war es die dunkelviolette Art, später auch eine hellgelbe, eher kleinblumige. Ihre Herkunft liegt im Dunkeln. Vermutlich ist sie ein Bastard zweier heimischer Wildformen. In alten Büchern findet man immer wieder die Bezeichnung »Veilchenwurzel« für diese Pflanze. Das geht darauf zurück, dass die Rhizome der nahen verwandten *Iris germanica* 'Florentina' im getrockneten Zustand stark nach Veilchen duften. Diese »Veilchenwurzeln« wurden gewaschen und geschält kleinen Kindern zum Beißen gegeben, was ihnen das Zahnen erleichtern sollte. Noch heute sind solche Beißringe im Handel erhältlich und könnten die Plastikzahnringe ersetzen. Auch zur Herstellung der beliebten Potpourris wurden und werden die Veilchenduft verströmenden Wurzelsprossen getrocknet.

Seit Jahren gibt es eine unüberschaubare Anzahl von Sorten in den wunderschönsten Farben im Handel. Gute Sorten zeichnen sich durch Standfestigkeit der Stiele, Resistenz gegen Krankheiten und lange Blütezeit aus. Auch zeigen sie nach lang anhaltenden Niederschlägen dennoch ihre makellosen Blüten.

Volle Sonne, durchlässiger Boden und ausreichende Düngung sind die Ansprüche der Schwertlilie. Werden sie erfüllt, so kann man ihre Rhizome bald vermehren. Am besten geschieht dies vor dem Austrieb im April oder gleich nach dem Abblühen im Juli. Mit einem scharfen Messer teilt man den fleischigen Wurzelstock in die einzelnen Rhizome, die man dann erneut ausplanzt. Wie die Pfingstrose darf auch die Iris nicht zu tief in die Erde kommen. Nur hauchdünn wird das waagrecht gelegte Wurzelstück mit Erde bedeckt.

Tränendes Herz

(Dicentra spectabilis)

Das Tränende Herz ist eine Bauerngartenstaude, die sich seit alters her großer Beliebtheit erfreut. Der elegant und zart wirkende Habitus dieser aus China stammenden Pflanze kommt, unterstrichen vom zarten Blau des Vergissmeinnichts, am besten zur Geltung.

Besonders wohl fühlt es sich in humoser Erde im Halbschatten stehend, wo es jedoch bald nach der Blüte vergilbt und vollständig einzieht.

Lässt man den »Herzerlstock«, wie er in Bayern heißt, jahrelang ungestört stehen, wird der Horst immer mächtiger und schöner. Die fleischigen Knollenwurzeln lassen sich nur widerwillig teilen, und es ist besser, Pflanzen dazuzukaufen, als sie selber zu vermehren. Im Ange-

Das Tränende Herz besticht durch seinen eleganten und zart wirkenden Habitus.

Bunt gemischte Staudenvielfalt: Die Wahl wird durch persönliche Vorlieben geprägt.

bot der Staudengärtnereien befindet sich zunehmend auch eine rein-weiß blühende Sorte, die sehr edel wirkt. Diese sollte man für den Bauerngarten ruhig einmal ausprobieren, denn schließlich wurden in der Geschichte des Bauerngartens schon immer Neulinge hinzugenommen und auf ihre Tauglichkeit getestet.

Gräser

Gräser spielen eine große Rolle in der heutigen Gartengestaltung, da sie mit ihrem Wuchs besondere Akzente setzen. Im Bauerngarten jedoch fand man seit jeher neben zahlreichen Blütenstauden nur ein Gras: das Bandgras. Andere Gräser sind hier fehl am Platz. Sie würden nur deplatziert wirken und den Gesamteindruck stören.

Bandgras

(Phalaris arundinacea 'Picta')

Das Bandgras ist das Gras alter Bauerngärten. Es hat weiß-grün längs gestreifte Blätter und wird etwa einen Meter hoch. Es gilt als Charakterpflanze des Bauerngartens, und kein Blumenstauß verließ einst den Garten ohne dieses schöne Beiwerk. Aus dem Namen ersichtlich wird auch sein Verwendungszweck: Einige lange Grashalme wurden ausgerupft und mit ihnen der Blumenstrauß zusammengebunden.
Da dieses Gras sehr zum Wuchern neigt, setzt man es am besten zu ebenso kräftigen Nachbarn wie dem Goldfelberich oder pflanzt es gar außerhalb des Zaunes, wo sein zügelloses Wachstum nicht gar so lästig ist.

Die Sorte 'Mervin Feesey' ist deutlich schwächer wachsend und somit zahmer und wertvoller für den Garten.

Mit Vorsicht zu pflanzen ist das Bandgras.

Traditionelle Stauden im Bauerngarten (* = im Text beschrieben)

Deutscher Name *Botanischer Name*	Blütezeit (Monat)	Blütenfarbe	Lichtan- sprüche[1]	Wuchs- höhe (cm)	Bemerkungen
Akelei *Aquilegia vulgaris*	5–6	blau	◐-●	50–60	Züchtungen auch in Weiß, Rosa, Gelb
Aster *Aster novi-belgii,* *A. novae-angliae,* *A. dumosus* u. a.	7–10	blau, rosa, weiß weiß	○ ○	30–120	unverzichtbarer Herbstaspekt
Bandgras *Phalaris arundinacea* 'Picta'	–	–	○-◐	80–100	einziges Ziergras im Bauerngarten
Brennende Liebe *Lychnis chalcedonica*	6–7	feurig rot	○	90–110	samt sich aus
Christrose *Helleborus niger*	11–2	weiß	◐-●	30–40	kalkliebend
Diptam *Dictamnus albus*	5–6	hellrosa	○	60–80	kalkliebend
Eisenhut *Aconitum napellus*	7–8	tiefblau	◐-●	100–120	giftig
Fetthenne *Sedum telephium*	9–10	rosa	○	50–70	auch im Winter schön
Frühlingssteinbrech *Bergenia cordifolia*	3–5	weiß, rosa	◐-●	30–40	immergrüne Blätter
Gämswurz *Doronicum caucasicum*	4–5	gelb	○-◐	30–40	öfter verpflanzen
Gänsekresse *Arabis caucasica*	4–5	weiß, rosa	○	10–20	Polsterpflanze
Gelenkblume *Physostegia virginiana*	7–9	weiß, rosa	○-◐	80–100	bewegliche Blütengelenke
Glockenblume *Campanula*-Arten	5–8	weiß, blau	○-◐	20–120	vielgestaltige Gattung
Goldbällchen *Ranunculus acris* 'Multiplex'	5–6	gelb	◐	80–100	selten
Goldfelberich *Lysimachia punctata*	6–8	gelb	◐-●	80–100	wuchert
Goldrute *Solidago canadensis*	7–8	gelb	○	70–140	nicht wuchernde Züchtungen bevorzugen
Hauswurz *Sempervivum tectorum*	8–9	weiß, rosa	○	5–10	blüht selten
Immergrün *Vinca minor*	4–6	blau	◐-●	10–15	immergrüner Bodendecker
Indianernessel *Monarda didyma*	6–8	weiß, rosa, rot, lila	○-◐	100–120	wunderbare Farben, Bienenweide
Kermesbeere *Phytolacca acinosa*	4–8	weiß	○	100–120	rotschwarze Beeren

Deutscher Name *Botanischer Name*	Blütezeit (Monat)	Blütenfarbe	Lichtan- sprüche[1]	Wuchs- höhe (cm)	Bemerkungen
Kokardenblume *Gaillardia aristata*	7–9	rot, gelb	○	30–40	samt sich aus
Lampionblume *Physalis alkekengi*	8–9	weiß	○–◑	80–120	orangerote Fruchthüllen, gut zum Trocknen
Leberblümchen *Hepatica nobilis*	2–4	blau	◑–●	10–15	wintergrün
Lupine *Lupinus polyphyllus*	5–6	blau, weiß, gelb, rot	○–◑	80–100	kalkmeidend
Mädchenauge *Coreopsis grandiflora*	6–9	gelb	○	40–60	lange Blütezeit
Maiglöckchen *Convallaria majalis*	5	weiß	◑	20–25	Duft, giftig
Margerite *Leucanthemum maximum*	6–7	weiß	○	60–80	öfter verpflanzen
Nelke *Dianthus*-Arten	6–7	weiß, rosa	○	10–20	Polsterpflanze
Nieswurz *Helleborus viridis*	4	grün	◑–●	40–50	kalkliebend
Ochsenauge *Buphthalmum salicifolium*	6–9	gelb	○	40–50	sehr reichblühend
Pfingstrose *Paeonia officinalis* *Paeonia*-Lactiflora-Hybriden	5	weiß, rosa, rot	○	80–120	nicht zu tief pflanzen, äußerst langlebig
Phlox *Phlox*-Paniculata-Hybriden	7–8	weiß, rosa, lila, rot	○	80–120	sollte in keinem Bauerngarten fehlen
Rittersporn *Delphinium*-Hybriden	6–7	weiß, blau	○	100–180	Nachblüte bei Rückschnitt
Schafgarbe *Achillea filipendulina*	6–9	gelb	○	80–100	gut zum Trocknen
Schlüsselblume *Primula veris*	4–5	gelb	○–◑	15–20	Duft
Schwertlilie *Iris germanica*	5–6	blau	○	60–100	großes Farbenspektrum
Seifenkraut *Saponaria officinalis*	6–7	hellrosa	○	60–80	wuchert
Sonnenbraut *Helenium*-Hybriden	6–7	gelb, braun	○	80–120	gute Schittblume
Sonnenhut *Rudbeckia*-Arten	6–9	gelb	○	60–180	vielgestaltige Gattung
Spornblume *Centranthus ruber*	5–7	rosa	○	60–80	samt sich aus
Tränendes Herz *Dicentra spectabilis*	4–6	rosa, weiß	◑	60–80	aus dem Bauerngarten nicht wegzudenken
Türken-Mohn *Papaver orientale*	5–6	rot	○	80–100	zieht nach der Blüte ein
Veilchen *Viola odorata*	3–4	blau	◑–●	10–15	Duft

[1] ○ = sonnig, ◑ = halbschattig, ● = schattig

Zwiebel- und Knollengewächse – die Unterirdischen

Eine Unterabteilung der Stauden bildet die Gruppe der Zwiebel- und Knollengewächse, ebenfalls ausdauernde, krautige Pflanzen. Im Unterschied zu den Stauden besitzen sie jedoch unterirdische Speicherorgane, eben die Zwiebeln und Knollen. In diese Speicherorgane lagern sie während ihrer Wachstumszeit Reservestoffe ein und sind dadurch in der Lage, ungünstige Jahreszeiten sowie Trockenperioden zu überdauern.

Alle Zwiebel- und Knollengewächse sind sehr gesellig, weshalb man sie am besten in Gruppen pflanzt. An zusagenden Standorten vermehren sie sich auch von selbst. Aus dem Bauerngarten sind einige Zwiebel- und Knollenpflanzen nicht mehr wegzudenken, denke man nur an die edle Madonnenlilie oder die üppige Dahlie.

Dahlie
(Dahlia-Hybriden)

Die auch Georginen genannten Dahlien haben einen weiten Weg hinter sich. Ende des 18. Jahrhunderts kamen die ersten Samen von Mexiko nach Spanien und schließlich nach Deutschland. Die neue Pflanze regte den Ehrgeiz der Züchter an, und so entstand aus der mexikanischen Wildform bald eine Fülle von Sorten.
Einfachblühende Mignon-, gefüllte Ball- und Pompondahlien sowie pompöse Kaktusdahlien in allen Farben des Regensbogens verän-

Dahlien bringen den Garten im Spätsommer noch einmal richtig zum Leuchten.

'Erika Krause' nennt sich diese hübsche Dahlienzüchtung.

der Grabegabel heraus. Anschließend schüttelt man die Erde etwas ab und lässt die Knollen mit den Stängelresten nach unten abtrocknen. Ist der Überwinterungsraum sehr trocken, empfiehlt es sich, die Knollen mit Sand, Torf oder Hobelspänen abzudecken. So vorbereitet, überdauern sie den Winter an einem frostfreien Ort, um im nächsten Jahr erneut den Garten zu schmücken.

Gladiole, Siegwurz

(Gladiolus communis, G. italicus)

Statt der heute üblichen Edelgladiolen stand früher die Siegwurz in den Bauerngärten. Diese aus dem Mittelmeergebiet stammende, rosa blühende Art ist im Gegensatz zu den hochgezüchteten Sorten winterhart und kann somit ganzjährig im Garten bleiben.

Der Charme dieser einfachen Wildart übertrifft den der Hybriden mit ihren oft grellen Farben in jedem Fall, sodass man ihr wirklich vermehrte Aufmerksamkeit schenken sollte.

Der Name Siegwurz geht wohl darauf zurück, dass die Knolle als eine Art Talismann verwendet wurde. Man glaubte, sie mache hieb- und stichfest, und trug sie als Amulett zum Schutz vor bösen Einflüssen.

derten das Gesicht der Gärten. Sie passen mit ihren üppigen Blütenbällen besonders gut in den Bauerngarten, wo sie an jedem sonnigen bis halbschattigen Platz gedeihen und vor allem sandigen Lehmboden schätzen.

Hohe Sorten brauchen meist etwas Stütze, sodass man sie am besten am Zaun entlang setzt, niedrige kommen im Beetvordergrund zwischen Sommerblumen besonders hübsch zur Geltung.

Im Mai setzt man die Dahlienknollen in den Boden, dabei lässt man je nach Sorte 40–100 cm Abstand. Mit zunehmendem Wachstum ist auch das Düngen nicht zu vergessen. Kompost oder alten Mist mögen sie besonders gern, aber nicht zu viel, sonst werden sie zu mastig und brechen bei Regen und Wind auseinander. Nach dem ersten Herbstfrost ist dann alles vorbei. Die Blütenpracht ist über Nacht dahin. Man schneidet nun die Triebe etwa 20 cm über dem Boden ab und hebt die Knollen mit

Die Siegwurz verlangt einen sonnigen Stand und durchlässigen Boden, kann aber über den Winter im Boden bleiben.

Die stolze Kaiserkrone stammt aus dem Himalaya und vertreibt angeblich Wühlmäuse.

Madonnenlilie
(Lilium candidum)

Sie waren als Sinnbild von Reinheit und Keuschheit in den Klöstern hochgeschätzt, und auch die Bäuerinnen waren stolz, wenn sie ein Exemplar dieser herrlichen weißen Lilie ihr Eigen nennen konnten. Seit alters her wurde sie nämlich auch als Heilpflanze verwendet. Ihre Zwiebel galt als harntreibendes Mittel, da und dort sagte man ihr auch eine Wirkung gegen Schlangenbisse nach. Wesentlich bekannter ist jedoch das immer wieder in der Literatur erwähnte »Lilienöl«, welches durch Übergie-

Kaiserkrone
(Fritillaria imperialis)

Mit ihren gelben oder orangen Blütenglocken sind Kaiserkronen im Frühling die stolzesten Gewächse des Bauerngartens. Sie stammen aus dem Himalaya, und der unangenehme Geruch ihrer Zwiebeln brachte ihnen den Ruf ein, Wühlmäuse fernzuhalten. Ein Ausprobieren lohnt sich schon allein wegen der Blütenpracht. Die Kaiserkrone liebt es sonnig und warm und bevorzugt einen nahrhaften, aber durchlässigen Boden. Bei schwerem Boden setzt man die Zwiebeln auf eine Sandschicht, um ein Faulen zu verhindern. Spätestens im September müssen die faustgroßen Zwiebeln ca. 30 cm tief gesetzt werden, damit sie bis zum Winter noch einwurzeln können.

Duft und Heilkraft der Madonnenlilie waren nicht nur in den Klostergärten hochgeschätzt.

ßen der Blütenblätter mit Öl hergestellt wurde. Vor allem bei Verbrennungen sollte dieser Balsam Linderung bringen. Heute wird vor allem seine positive Wirkung gegen Altersflecken hervorgehoben.

Im Garten verlangt die Madonnenlilie einen nicht zu schweren Lehm-Lössboden in sonniger, geschützter Lage. Gegen Ende August wird die Zwiebel in die Erde gesetzt und im Gegensatz zu anderen Lilienzwiebeln nur knapp 4 cm mit Erde bedeckt. Dann folgt sie einem etwas seltsamen Rhythmus: Der Austrieb erfolgt noch im Herbst und überwintert. Im kommenden Juni/Juli erscheinen dann die stark duftenden, blendend weißen Trichterblüten. Und bald darauf zieht die Pflanze ein, um im September ihr Leben erneut zu beginnen.

Traubenhyazinthe

(Muscari racemosum/
M. botryoides)

Die nach Pflaume duftende Traubenhyazinthe wurde bereits Ende des 16. Jahrhunderts im Bauerngarten festgestellt. Sie ist ein völlig anspruchsloser Frühjahrsblüher, den man gut mit anderen Zwiebelgewächsen wie Tulpen, Narzissen und auch Kaiserkronen vergesellschaften kann.

Auch als Beeteinfassung eignen sich die grünen Laubschöpfe sehr. Dazu teilt man die Horste im August/September auf, sodass die jungen Brutzwiebeln bis zum Winter noch einwachsen können. An ihnen zusagenden Stellen vermeh-

Willkommene Frühlingsboten sind die Traubenhyazinthen, die sich an zusagenden Stellen von selbst vermehren.

ren sie sich durch Brutzwiebelbildung oder Selbstaussaat. Da die kleinen Zwiebelchen, wohl wegen ihrer Giftigkeit, von Mäusen nicht gefressen werden, wird ihr Aus-

breitungsdrang nicht gebremst. Als Gartenflüchtlinge eroberten *Muscari*-Arten so Obst- und Weingärten, wo sie stellenweise zur Plage wurden.

Traditionelle Zwiebel- und Knollengewächse im Bauerngarten

(* = im Text beschrieben)

Deutscher Name *Botanischer Name*	Blütezeit (Monat)	Blütenfarbe	Pflanz- zeit	Wuchshöhe (cm)	Pflanz- tiefe	Bemerkungen
Dahlie *Dahlia*-Hybriden	7–10	alle	5	40–160	20	im Keller überwintern
Feuerlilie *Lilium bulbiferum*	5–6	orange	8	80–120	25	bildet Blattachselbulben
Herbstzeitlose *Colchicium autumnale*	9–10	lilarosa	8	15–20	10–15	liebt feuchten Standort
Hyazinthe *Hyacinthus orientalis*	4–5	blau, rosa, weiß	10	20–30	10–15	Duft!
Kaiserkrone *Fritillaria imperialis*	4	gelb, orange	8	80–100	25–30	sehr nährstoffbedürftig
Krokus *Crocus*-Arten/-Sorten	2–3	weiß, gelb, lila	10	5–10	10	verwildert
Madonnenlilie *Lilium candidum*	6–7	weiß	8	80–120	5–8	Duft! Heilpflanze, flach pflanzen
Montbretie *Crocosmia masoniorum*	7–8	orange	5	60–80	10–15	im Keller überwintern
Narzisse *Narcissus*-Sorten	3–4	gelb, weiß	9	30–60	10–15	in Ruhe einziehen lassen
Schneeglöckchen *Galanthus nivalis*	2–3	weiß	9	10–15	10	verwildert
Siegwurz *Gladiolus communis*	5–6	rosa	5	80–120	10	winterhart
Traubenhyazinthe *Muscari botryoides*	4–5	blauviolett	10	15–20	5–8	verwildert
Türkenbund *Lilium martagon*	5–6	violettrosa	8	80–120	25	kalkliebend
Tulpe *Tulipa*-Arten/-Sorten	3–4	alle	10	20–60	10–15	in Ruhe einziehen lassen

Als Faustregel beim Legen der Zwiebeln gilt, dass die Erddecke zwei- bis dreimal so stark sein soll wie der Zwiebelbauch.

Ein- und Zweijährige – die Füller

Neben den Gerüstbildnern, den Stauden, sind aber auch »Füller« nötig, um dem Bauerngarten sein unvergleichliches Gesicht zu verleihen – die barocke Blütenfülle des Sommers. Und da manche Ein- und Zweijährige leicht zu ziehen sind oder sich sogar von Jahr zu Jahr selbst aussäen, liebte die Bäuerin diese Arten ganz besonders.

Die **Einjahresblumen** sät man im zeitigen Frühjahr aus: entweder in Töpfe, Kistchen oder Schalen am Fensterbrett oder auch ins Frühbeet. Nach einer Entwicklungszeit von zwei bis drei Monaten können die Jungpflanzen dann nach den Eisheiligen, d. h. etwa Mitte Mai, an Ort und Stelle gepflanzt werden. Noch im selben Sommer entfalten sie ihren Blütenflor, setzen Samen an und sterben schließlich bei den ersten Nachtfrösten ab.

Die **Zweijährigen** dagegen werden im Sommer ausgesät und überdauern mit den ersten Blättern den Winter, um im darauffolgenden Frühjahr und Sommer voll zu erblühen. Den Winter nach ihrer Samenreife überstehen sie in der Regel nicht mehr. Die Aussaat dieser Arten wird am besten zwischen Mai und Juni vorgenommen. Nach der Anzucht im Frühbeetkasten oder an einer geschützten Stelle im Freiland werden die Jungpflanzen noch im Spätsommer an ihren endgültigen Standort gesetzt.

Kunterbunt geht es zu im Bauerngarten. Herrliche Farben liefern Tagetes, Ringelblume und Co.

Einjährige

Da sie nur einen Sommer lang blühen, werden Einjährige (Annuelle) häufig einfach Sommerblumen genannt. Bei aller Kurzlebigkeit blühen sie doch üppig und reich über Wochen hinweg, um dann ihren Fortbestand durch reiche Samenbildung zu sichern.

Fuchsschwanz

(Amaranthus caudatus)

Zu den einjährigen Arten gehört der aus Südamerika stammende, schnell und leicht wachsende Fuchsschwanz. Mit seinen langen, peitschenförmigen, roten Blütenständen ist er eine recht ungewöhnliche Erscheinung, doch wurde er gerade deshalb von den Bäuerinnen besonders geschätzt. Heutzutage gibt es neben dieser Art auch aufrecht wachsende und grün blühende Sorten, doch in den

Eine recht eigenwillige Erscheinung ist der Fuchsschwanz.

Rankende Sorten der Kapuzinerkresse ergeben lebende Zäune. Es gibt aber auch Formen, die runde Büsche bilden.

Bauerngarten passt die althergebrachte Form immer noch am besten.

Zieht man diese Einjahrespflanze im Zimmer vor, so erhält man frühblühende Pflanzen, sät man sie ins Freie, so darf dies nicht zu zeitig geschehen, da der Fuchsschwanz aufgrund seiner Herkunft sehr frostempfindlich ist.

Kapuzinerkresse

(Tropaeolum majus)

Sie gehört zu den farbenfreudigsten Einfassungspflanzen für Blumen- und Gemüsebeete, eignet sich aber ebenso gut zum Beranken von Zäunen und Gerüsten. Die Kapuzinerkresse wurde aus Peru eingeführt und eroberte sich in kürzester Zeit einen Platz in den Gärten.

Diese völlig unkomplizierte Einjahrespflanze gibt es in zwei Formen: Die eine rankt und empfiehlt sich daher vor allem als Zaunbegrünung, die andere bildet runde Büsche, die zwischen Stauden- und Gemüsepflanzen oder als Beeteinfassung gut zur Geltung kommen. Eines muss man aber bei beiden berücksichtigen: düngt man sie zu viel, so werden zwar viele Blätter, aber nur wenige Blüten gebildet. Ansonsten kann man bei dieser Einjährigen eigentlich nichts verkehrt machen, sogar die eigene Samenernte für die Nachzucht im nächsten Jahr ist aufgrund der großen Samenkörner sehr leicht möglich.

Interessant ist, dass man früher die grünen Blütenknospen als Kapernersatz verwendete. Heute bereichern eher ihre frischen Blätter und Blüten den Speisezettel.

Levkojen sind so richtig schön altmodisch und ein »Muss« im Bauerngarten.

Mandelröschen

(Clarkia unguiculata)

Wie der Name schon sagt, erinnern die Blüten des Mandelröschens an die des Mandelbaumes. Wahrscheinlich brachte die Vorliebe der Bäuerin für gefüllt blühende Blüten dieser Pflanze ihren Platz im Bauerngarten ein, und durch ihre Anspruchslosigkeit konnte sie sich behaupten. Sie blüht den ganzen Sommer über unermüdlich und begeistert durch ihren grazilen Wuchs und die samtigen Blütenbällchen. Leider findet man das Mandelröschen heute viel zu selten in den Gärten, was wohl daran liegt, dass Saatgut davon schwierig im Handel zu bekommen ist.

Mandelröschen sind haltbare Schnittblumen.

Ohne Ringelblumen ist ein Garten kein Bauerngarten.

Levkoje

(Mathiola incana)

Wie so viele Bauerngartenpflanzen stammt auch die Levkoje aus dem Mittelmeergebiet. Der wilde Typ hat sich in der Kultur jedoch stark verändert. Aus der relativ unscheinbaren blassrosa blühenden Blume sind stattliche Gartenpflanzen geworden. Je nach Sorte blühen sie rosa- oder lavendelfarben, karmin- oder samtrot, meist gefüllt in endständigen Trauben und verbreiten einen angenehmen Duft. Dieser Duft und ihre Eignung als Schnittblume verhalfen ihr zu einer großen Karriere im Bauerngarten. Dort bevorzugen Levkojen einen sonnigen, warmen Standort und wirken am besten, wenn man die Farben untereinander mischt. Aber auch in Tuffs zwischen Stauden gesetzt, kommen sie gut zur Geltung.

Ringelblume

(Calendula officinalis)

Sie stammt aus dem Mittelmeergebiet und kam wohl mit den Römern in die Gärten nördlich der Alpen. Diese unverwüstliche gelb, orange oder aprikosenfarbig blühende Pflanze treibt unermüdlich Blüten von Frühsommer bis zum ersten Frost. Sie ist völlig pflegeleicht und gedeiht in jedem Gartenboden, Hauptsache sie steht in der Sonne. Durch fleißige Selbstaussaat hält sie dem Garten jahrelang die Treue, erscheint allerdings immer gerade dort, wo es ihr passt. Heute weiß man sie leider nur noch als Zierpflanze zu schätzen, früher jedoch nutzte man ihre gelben Blüten. Als Farbstoff, mit dem man der Milch bzw. Butter eine

herrlich gelbe Farbe gab, ersetzte sie den teuren Safran.

Am bedeutsamsten war jedoch die Verwendung der Ringelblume in der Volksmedizin. Die äußerliche Anwendung stand dabei im Vordergrund. Umschläge aus Tee oder Tinktur wurden zur Heilung von Wunden, Verstauchungen und Geschwüren empfohlen. Ringelblumensalbe, in der Literatur immer wieder erwähnt, wird auch heute noch verwendet und gilt als vorzügliches Mittel zur Behandlung aller schlecht heilenden Wunden, seien es Geschwüre, Brandwunden oder gar Dekubitusschäden. Ein altes Hausrezept für die sogenannte Ringelblumenbutter lautet folgendermaßen: »Man vermenge Ziegenbutter mit zerquetschten Ringelblumenblüten im Verhältnis 1:1 und erwärme sie leicht, bis sie flüssig ist. Die Droge setzt sich dann ab, das Fett enthält die Wirkstoffe.«

Auf straffen Stielen und in leuchtenden Farben blühen die Zinnien und liefern lang haltende Blumen für die Vase.

und die Haltbarkeit in der Vase ist länger. Ein Kontakt mit diesem Milchsaft ist zu vermeiden, da er starke Hautreizungen hervorruft. Vielleicht war das ein Grund dafür, dass die Pflanze fast gänzlich aus den Gärten verschwunden ist.

»Schnee auf dem Berg« ist ein wunderbarer Name für dieses Wolfsmilchgewächs.

Schnee auf dem Berg

(Euphorbia marginata)

Diese Wolfsmilch-Art wird auch als Amerikanisches Edelweiß bezeichnet, ist sie doch ursprünglich in Nordamerika beheimatet. In den Gärten war sie früher als Schnittblume sehr beliebt, denn ihre grünlichweißen Hochblätter, die die unscheinbaren Blüten umgeben, machen die Pflanze zu etwas Besonderem.

Taucht man die Stiele nach dem Schneiden in heißes Wasser, so gerinnt der austretende Milchsaft

Zinnie

(Zinnia elegans)

Zu den altbewährten Gartenblumen, die vor allem in warmen Sommern gut gedeihen, gehört die Zinnie. Da sie aus Mexiko stammt, ist ihr Wärmebedarf leicht zu erklären, und vorgezogene Jungpflanzen sollten keinesfalls vor den Eisheiligen ausgepflanzt werden, um nicht den Spätfrösten zum Opfer zu fallen.

Die Züchtung hat mittlerweile viele Formen hervorgebracht. Es gibt niedrige und hohe Sorten ebenso wie einfache und stark gefüllte. Sie blühen in Creme, Orange, Rot, Purpur oder Rosa und bereichern mit ihrer Farbenpracht bis in den Spätherbst das bunte Durcheinander des Bauerngartens. Als Schnittblumen sind sie in ihrer Haltbarkeit kaum zu übertreffen, und kein Blumenstrauß wird ohne Zinnien den bäuerlichen Garten verlassen.

Zweijährige

Winterannuelle oder auch Bienne nennt man die zweijährigen Sommerblumen aufgrund ihres Wachstumsrhythmus. Durch kleine Kniffe kann man sie aber oft auch staudig kultivieren und damit jahrelange Freude an ihnen haben.

Bartnelke

(Dianthus barbatus)

Die im Bayerischen Wald als »Nagerl« bezeichneten Bartnelken sind weithin bekannte Vertreter der Zweijährigen. Seit Jahrhunderten werden sie in den Bauerngärten gezogen und sind als Schnittblumenlieferant sehr beliebt. Ihre einfachen oder gefüllten Blüten in weißen, rosa und roten Farbtönen verleihen jedem Sommerblumenstrauß einen üppigen, bäuerlichen Charakter. In der Anzucht sind sie sehr anspruchslos, schätzen aber eine Reisigabdeckung über den Winter.

Goldlack

(Erysimum cheiri)

Eine dem Bauerngarten durch alle Zeiten treu gebliebene Pflanze ist der aus dem Mittelmeerraum stammende Goldlack. Seiner Bescheidenheit in den Ansprüchen und des frühen Blühens wegen hat er sich große Sympathie erworben. Zudem bringt der herrliche Duft seiner einfachen oder gefüllten, goldgelben bis dunkelbraunen Blüten den

Wirken herrlich altmodisch und dürfen in keinem Bauerngarten fehlen – die Bartnelken. Als Strauß erfüllen sie ein ganzes Zimmer mit ihrem Duft.

Einen herrlichen Duft bringt auch der Goldlack in den Bauerngarten. Seine frühen Blüten werden gerne von Bienen besucht.

Frühling in den Garten. Als Partner zu Tausendschönchen, Vergissmeinnicht und Stiefmütterchen eignet er sich besonders gut, zusammen mit dem lila blühenden Judas-Silberling steigern sich die Farben gegenseitig in ihrer Intensität.

In geschützten Lagen und bei schwerem, lehmigem Boden kann der eigentlich zweijährige Goldlack mehrere Jahre alt werden und zu großen Büschen mit überreichem Blütenschmuck heranwachsen. Als »Gartenflüchtling« findet man ihn oft in der Nähe von Burgen.

Judassilberling

(Lunaria annua)

Er wurde von den Bäuerinnen als Trockenblume sehr geschätzt. Die oft über einen Meter hohen Fruchtstände mit ihren hauchdünnen silberweißen Zwischenwänden bringen Glanz in jeden Trockenstrauß. Der zweijährige Silberling gedeiht gut in halbschattigen und schattigen Lagen und kommt, hat er einmal Fuß gefasst, durch Selbstaussaat alle Jahre wieder. **Silberblatt** oder auch Mondviole wird sein Verwandter genannt

(Lunaria rediviva). Das ist eine heimische Wildstaude, die wegen ihres Duftes schon im Mittelalter eine beliebte Gartenpflanze war. Die »Silberlinge« sind bei ihr jedoch unscheinbarer ausgebildet.

Muskatellersalbei

(Salvia sclarea)

Fast vergessen ist der aus dem Mittelmeerraum stammende Muskatellersalbei, der einst den Winzern dazu diente, ihre recht mäßigen Weine in »Muskatellerweine«

Wo es ihm gerade passt, erscheint der Judassilberling.

Aus der Nähe wirkt die Blüte des Muskatellersalbeis zart und edel. Als Ganzes ist die Pflanze jedoch eine imposante Erscheinung, die bis zu 1,60 Meter hoch wird.

Sie dürfen in keinem Bauerngarten fehlen – die Stockrosen. Ob gefüllt oder einfachblühend ist Geschmackssache.

zu verwandeln. Die Wirkung seiner ätherischen Öle war schon in der Antike bekannt, und seine Blätter wurden bereits damals zur Stimmungsaufhellung verräuchert. Heute gewinnt das stark duftende Öl in der Aromatherapie wieder zunehmend an Bedeutung. Diese wunderschöne, dekorative Pflanze bildet im ersten Jahr eine Rosette großer, gestielter, filzig behaarter Blätter, im zweiten Jahr eine kräftige, ästige Rispe mit hell-lila Blüten. Am wohlsten fühlt sich dieser Salbei an einem warmen Platz mit trockenem, steinig-lehmigem Boden. Hat man ihn erst einmal in den Garten geholt, so erscheint er jedes Jahr an einer anderen, ihm zusagenden Stelle wieder.

Stockrose, Stockmalve

(Alcea rosea)

Die auf dem Land sehr beliebten, gut zwei Meter hoch werdenen Stockrosen mit ihren prachtvollen Blüten geben einem Bauerngarten erst das richtige ländliche Gepräge. Als Standort für sie wählt man am günstigsten die Nähe einer Wand, eines Zaunes, einer Hecke oder dergleichen, damit sie einen Schutz vor dem Umfallen haben.

Diese aus dem Orient stammende Pflanze gibt es in einfachen, halbgefüllten und gefüllten Formen und in fast allen Farbschattierungen. Besonders beliebt war einst eine einfachblühende Sorte mit fast schwarzen Blüten. Diese wurden

als Tee und zum Anfärben von Wein und Essig verwendet. Im Handel ist diese altüberlieferte Pflanze heute unter dem Namen *Alcea rosea* ‘Nigra’ erhältlich. Stehen Stockrosen nicht am richtigen Platz, schlägt der Malvenrost gnadenlos zu. Wichtig ist deshalb durchlässiger, nicht zu schwerer Boden in voller Sonne. Doch die Züchtung hat sich bereits dieses Problems angenommen und sehr robuste, beinahe resistente Sorten hervorgebracht, etwa ‘Parkallee’ oder ‘Parkrondell’.

Will man das Leben der zweijährigen Stockrose verlängern, so entfernt man noch vor der Samenbildung alle Blütenstängel. Dadurch erschöpft sich die Pflanze nicht, bildet neue Triebe und kommt so sicher durch den Winter. Im Folgejahr erfreuen diese gut bestockten Pflanzen mit einer überreichen Blütenfülle an bis zu zehn Stielen pro Pflanze.

Vexiernelke

(Lychnis coronaria)

Wahrscheinlich seit dem 16. Jahrhundert wird die Vexiernelke in den Gärten als Zierpflanze gezogen, und auch heute noch ist sie in vielen bäuerlichen Gärten anzutreffen. Grund dafür ist wohl, dass sich diese aus Südosteuropa und Kleinasien stammende grauweiß-filzige Pflanze durch Selbstaussaat immer wieder erhält. So erscheinen ihre leuchtend karminroten Blüten gerade da im Garten, wo es ihnen gefällt. Und das ist meist ein sonniges Plätzchen mit trockenem, durchlässigem und relativ nährstoffarmem Boden.

Enorme Leuchtkraft besitzen die Blüten der Vexiernelke.

Wolfsmilch, Kreuzblättrige

(Euphorbia lathyris)

Schon im Mittelalter wurde die aus dem mediterranen Raum stammende Kreuzblättrige Wolfsmilch in den Bauerngärten gezogen. Damals galt sie noch als Heilpflanze. Die ölhaltigen Samen wurden u. a. als Abführmittel genutzt.

Ein Zuviel davon führte jedoch zu schweren Vergiftungserscheinungen, manchmal sogar zum Tod. Heute sieht man sie nur noch da und dort in Gärten auf dem Lande, wo man sie vor allem deswegen hegt und pflegt, weil man annimmt, dass durch sie Mäuse ferngehalten werden.

Will man sich diese Pflanze in den Garten holen, muss man feststellen, dass es schwierig ist, im Handel Samen davon zu bekommen. Am einfachsten ist es, in alten Gärten nach ihr Ausschau zu halten. Der Besitzer gibt sicher gerne einige der immer wieder von selbst erscheinenden Jungpflanzen ab. Hat man sie aber dann im Garten, braucht man sich um ihren Fortbestand nicht kümmern. Die kapernähnlichen Fruchtkapseln springen bei der Reife auf und schleudern die Samen weit davon, was der Pflanze auch den Namen »Springwolfsmilch« eingebracht hat.

Traditionelle Ein- und Zweijährige im Bauerngarten (* = im Text beschrieben)

Deutscher Name Botanischer Name	Lebenszeit[1]	Aussaat[2]	Blütezeit[2]	Blütenfarbe	Wuchshöhe (cm)	Bemerkungen
Balsamine *Impatiens balsamina*	☉	4	6–8	rosa	100–120	wuchert
Bartnelke *Dianthus barbatus*	☉	7	6–8	weiß, rosa, rot	40–60	gute Schnittblume
Bechermalve *Lavatera trimestris*	☉	4	7–10	weiß, rosa	30–50	keine zu nassen Standorte
Duftsteinrich *Lobularia maritima*	☉	3–4	6–10	weiß, lila	10–15	Duft, Direktsaat möglich
Eselsdistel *Onopordum acanthium*	☉	7	7	lila	100–120	Solitärpflanze
Fingerhut *Digitalis purpurea*	☉	7	6–7	rosa	80–100	giftig, Heilpflanze
Fuchsschwanz *Amaranthus caudatus*	☉	3–4	5–10	rot	60–100	sehr frostempfindlich

Deutscher Name Botanischer Name	Lebens-zeit[1]	Aussaat[2]	Blüte-zeit[2]	Blüten-farbe	Wuchs-höhe (cm)	Bemerkungen
Gänseblümchen *Bellis perennis*	☻	7	3–5	weiß, rot	10–15	verwildert
Goldlack *Erysimum cheiri*	☻	7	4–5	gelb, orange	30–40	Duft, Winterschutz
Judassilberling *Lunaria annua*	☻	7	4	lila	50–60	Fruchtstände gut zum Trocknen
Jungfer im Grünen *Nigella damascena*	☉	3–4	6–9	weiß, blau, rosa	20–30	Fruchtstände gut zum Trocknen
Kapuzinerkresse *Tropaeolum majus*	☉	3–4	6–10	gelb, orange	20–30	Rankpflanze
Levkoje *Matthiola incana*	☉	4–5	7	rosa, lila	20–30	gute Schnittblume
Löwenmäulchen *Antirrhinum majus*	☉	4–5	7	alle	20–40	Verzweigung durch Entspitzen
Mandelröschen *Clarkia unguiculata*	☉	5	7–8	pink	20–30	gute Schnittblume
Marienglockenblume *Campanula medium*	☻	7	6–8	weiß, rosa	30–60	gute Schnittblume
Muskatellersalbei *Salvia sclarea*	☻	7	6–8	helllila	80–100	Solitärpflanze
Nachtviole *Hesperis matronalis*	☻	7	6–8	weiß, lila	60–80	Duft
Ringelblume *Calendula officinalis*	☉	3–4	6–10	gelb, orange	30–40	Direktsaat möglich, Heilpflanze
Schmuckkörbchen *Cosmos bipinnatus*	☉	3–4	5–10	weiß, rosa	80–120	Verzweigung durch Entspitzen
Schnee auf dem Berg *Euphorbia marginata*	☉	5	7–8	grün	40–50	gute Schnittblume
Sonnenblume *Helianthus annuus*	☉	4–5	7–10	gelb, orange	80–180	Direktaussaat möglich
Stiefmütterchen *Viola tricolor*	☻	7	3–5	gelb, blau	10–20	Winterschutz
Stockrose *Alcea rosea*	☻	7	7–9	rosa, gelb	150–200	samt sich aus
Strohblume *Helichrysum bracteatum*	☉	3–4	7–8	alle	60–80	Trockenblume
Studentenblume *Tagetes*-Arten/-Sorten	☉	4	6–10	gelb, orange	20–80	sehr schneckengefährdet
Vanilleblume *Heliotropium arborescens*	☉	3–4	6–10	lila	30–40	Duft
Vergissmeinnicht *Myosotis sylvatica*	☻	3	3–5	blau	30–40	Winterschutz
Vexiernelke *Lychnis coronaria*	☻	7	5–6	karminrot	30–40	samt aus
Wicke *Lathyrus odoratus*	☉	3–4	6–8	rosa, lila	80–200	Duft, Rankpflanze
Wolfsmilch, Kreuzblättrige *Euphorbia lathyris*	☻	7	6–7	grün	60–80	früher Heilpflanze
Zinnie *Zinnia elegans*	☉	4	7–10	alle	40–80	besonders kälteempfindlich

[1] ☉ = einjährige Pflanze, ☻ = zweijährige Pflanze   [2] in den Monaten

69

Heil- und Gewürzkräuter – die Gesunden

Leben in frischer Landluft, in freier Natur gilt heute als gesund. Früher brachte die schwere Landarbeit und die nach heutigen Begriffen mangelnde ärztliche Versorgung mehr oder weniger schwere Leiden mit sich. So gehören die Heilkräuter zu den ältesten Pflanzen des Bauerngartens, denn man versuchte so schnell wie möglich Heilung zu erlangen und griff zu den »probaten«, also nach der Erfahrung bewährten Heilmitteln. Die Kenntnisse von Heilkräutern und ihre Anwendung reichen in das frühe Mittelalter zurück und haben teilweise ihre Wurzeln in der Antike, deren Wissen die Klöster bewahrt hatten.

In dem überlieferten Wissen von den Heilmitteln war von jeher auch Volksgut enthalten, denn schließlich wurden die Rezepte, ihre Zubereitung und Anwendung mündlich von Generation zu Generation weitergegeben, wobei eben manches verloren ging und anderes hinzukam.

Häufig entsteht heutzutage wieder der Wunsch, kleine Unpässlichkeiten des Alltags mit den Kräften der Natur zu heilen, zu lindern oder vorbeugend zu behandeln. Man besinnt sich wieder auf Hausmittel und entdeckt dabei, dass Heilpflanzen nicht nur nützlich, sondern auch schön sind und gut zu den anderen Zierpflanzen im Garten passen.

Die Beschaffung von Jungpflanzen und Saatgut ist freilich oft schwierig. Nur Samenzüchter und Gärtnereien mit großem Sortiment führen spezielle Kräuter in ihrem Angebot. Als Alternative bleibt, bei Botanischen Gärten nachzufragen oder selbst Samen in der Natur zu sammeln, was jedoch einiges an Pflanzenkenntnis voraussetzt.

Kräuter und Heilpflanzen sind im Garten selten dominierend. Es entspricht ihrem Wuchscharakter, sich in die jeweilige Pflanzengemeinschaft einzufügen.

Heilkräuter

In diesem Buch werden nur wenige Heilpflanzen kurz angesprochen. Will man tiefer in dieses Gebiet einsteigen, so tut man gut daran, sich in die umfangreiche Fachliteratur einzulesen (siehe Literaturverzeichnis).

Nicht nur eine Heil- sondern auch eine imposante Zierpflanze ist der Alant, dessen Platzanspruch man beim Pflanzen berücksichtigen muss.

Alant

(Inula helenium)

Der Alant stammt aus Vorderasien und liebt tiefen, etwas feuchten Lehmboden, verträgt aber auch Trockenheit ganz gut. Im Bauerngarten setzt man ihn als sehr dominierende, bis zwei Meter hohe Pflanze lieber etwas an den Rand oder in die Ecke, die er mit seiner Üppigkeit bald ganz ausfüllt. Verwendet wurde von diesem Pflanzenriesen einst die Wurzel, deren Abkochungen bei Magen- und Darmkatarrhen Linderung bringen sollten, was durch seinen Bitterstoffgehalt wohl auch gelungen ist.

Besonders beliebt war Alantwein, der als Allheilmittel bei allen möglichen Beschwerden getrunken wurde. Der Spruch: »Alantwein benimmt Zorn und Traurigkeit« weist auf seine Verwendung als eine Art frühes Antidepressivum hin. Kandierte Alantwurzeln mit den darin enthaltenen ätherischen Ölen waren ein beliebtes Hustenmittel.

Beinwell

(Symphytum officinale)

Beinwell wächst zwar auch draußen in der Natur, doch wurde er vor langer Zeit in den Garten geholt, um ihn ständig verfügbar zu haben. Als wertvolle Heilpflanze war er hochgeschätzt, denn Abkochungen der Wurzel wurden zu Umschlägen verwendet, wenn Blutergüsse, Beingeschwüre oder Quetschungen zu behandeln waren.

In der Volksmedizin galt er als die Wundpflanze. Zerriebene Wurzeln oder Blätter legte man auf offene Wunden oder auch Knochenbrüche, um die Wundheilung zu fördern. Und tatsächlich bewirkt der enthaltene Wirkstoff Allantoin eine verbesserte Durchblutung und Zellneubildung, wie wissenschaftliche Studien zwischenzeitlich belegen.

Schon bei Hildegard von Bingen war der Beinwell eine gepriesene Heilpflanze.

Eberraute

(Artemisia abrotanum)

Sie ist schon im »Capitulare« als »abrotanum« aufgeführt und wurde jahrhundertelang in den Bauerngärten gezogen. Das nach Zitrone duftende Würzkraut wurde zum einen wegen seines Aromas geschätzt, zum anderen als wurmwidriges und magenstärkendes Mittel gleich dem verwandten Wermut gebraucht.

Als sogenannte Gebetbuchpflanze sollte die Eberraute zusammen mit anderen stark duftenden Gesellinnen das Einschlummern während der Predigt verhindern bzw. weniger angenehme Gerüche überdecken. Getrocknet schützt(e) sie im Schrank der Bäuerin die Kleidung vor den Motten.

Sowohl am Beet als auch im Blumenstrauß sind die fein zerteilten Blätter eine aparte Bereicherung.

Mehr als Zier- denn als Heilpflanze hat der Eibisch heute seinen Platz im Garten. Seine Schönheit ist aber auch unübersehbar.

Eibisch

(Althaea officinalis)

Schon in der Antike war die Eibischpflanze bekannt, seit dieser Zeit baut man sie in Gärten an und nutzt sie. Es ist interessant, dass die Indikationen über all die Jahrhunderte hindurch gleich geblieben sind. Von den antiken über die mittelalterlichen Autoren bis in die heutige Zeit gilt Eibisch als Hustenmittel sowie als erweichendes Mittel bei Entzündungen und Abszessen. Ursache für diese Wirkung ist der hohe Schleimstoffgehalt der Wurzel, der den Hustenreiz dämpft und Entzündungen zum Abheilen bringt. Die Ansprüche dieser blassrosa blühenden, bis zwei Meter hoch werdenden Heilpflanze aus dem Mittelmeergebiet sind gering, und sie lässt sich gut mit den anderen Stauden im Garten kombinieren.

Engelwurz

(Angelica archangelica)

Die Engelwurz ist eine der wenigen Heilpflanzen, die nicht aus dem sonnigen Süden, sondern vom hohen Norden zu uns kamen. So waren es diesmal auch nicht die Römer, sondern die Wikinger, die uns eine neue Heilpflanze bescherten. Etwa im 10. Jahrhundert wurde sie nach Mitteleuropa eingeführt und von den Benediktinern, später auch von den Kartäusern hoch geschätzt. Im Gegensatz zu den Menschen ihres Heimatlandes, die sie als Gemüse nutzten, waren die Mönche vor allem von ihrer Heilkraft angetan. So wurde Angelikawurzel wichtiger Bestandteil von Magenlikören, die in den Klöstern hergestellt wurden, etwa dem Chartreuse, einem traditionsreichen Kartäuserlikör. Aber auch der bekannte Schwedenbitter und der Karmelitergeist enthalten Auszüge dieser Heilpflanze.

Schnell fand diese imposante Pflanze auch Eingang in die Volksheilkunde. Ihre Wurzel wurde als Amulett getragen oder auch gekaut und sollte so vor der Pest schützen. Ein Tee aus Blüten und Blättern galt als krampflösend und hustenlindernd, auch bei nervösen Magenbeschwerden tat er gute Dienste. Die heilende Wirkung der Engelwurz lässt sich vor allem auf ihren Gehalt an ätherischen Ölen und Bitterstoffen zurückführen. Sie enthält aber auch Furocurmarine, die auf der Haut in Verbindung mit Sonnenlicht heftige phototoxische Reaktionen auslösen können, wie dies noch mehr von der Herkulesstaude *(Heracleum mantegazzianum)* bekannt ist. Der Standort der Pflanze im Garten soll daher sorgfältig gewählt werden, und beim Umgang mit ihr ist Vorsicht geboten. Verzichten sollte man nicht auf sie, denn mit ihrer Größe (bis zwei Meter) ist sie ein schöner

Die Engelwurz beansprucht viel Platz, um ihre ganze Pracht zu entfalten.

strukturbildender Solitär und völlig anspruchslos in der Kultur. Als zweijährige Pflanze schiebt sie erst im zweiten Jahr ihre imposanten Blütenschirme gen Himmel, um dann, nachdem sie für reichlich Nachwuchs gesorgt hat, abzusterben.

Königskerze

(Verbascum-Arten)

Acht Königskerzen-Arten gelten als heimisch, doch als Heilkräuter wurden nur die beiden großen unter ihnen genutzt: die Großblütige Königskerze und die Gemeine Königskerze *(V. densiflorum* und *V. phlomoides)*. Beide sind zweijährige Pflanzen, die im ersten Jahr eine Blattrosette, im zweiten Jahr dann den Blütentrieb ausbilden. Durch Aussaat lassen sie sich gut vermehren.

Im Mittelalter galt die Königskerze als Zauberpflanze, mit deren Hilfe man sich vor Unheil und bösen Geistern schützen konnte. Als Heilpflanze wurde sie vor allem durch Hildegard von Bingen bekannt, die die »Wullena«, wie sie sie nannte, wärmstens gegen Husten, Heiserkeit und Brustschmerzen empfahl. Erwähnt sei hier auch das in der Literatur immer wieder erscheinende »Königsöl«, das man durch

Einmal im Garten angesiedelt, vermehrt sie sich eifrig durch Selbstaussaat – die Königskerze.

Ausziehen von Blüten der Königskerze mit Olivenöl erhält. Es soll bei Ohrenschmerzen und Ekzemen sowie bei schlecht heilenden Wunden wirksam sein.

Heutzutage finden Königskerzenblüten vor allem in Hustenteemischungen Verwendung. Die reichlich enthaltenen Schleimstoffe und Saponine verflüssigen den Schleim und haben reizlindernde Wirkung.

Melisse

(Melissa officinalis)

Schon im Mittelalter wurde in den Klöstern ein alkoholischer Auszug aus der Zitronenmelisse hergestellt, der bis heute als Melissengeist bekannt ist. Später hielt die anspruchslose Staude auch in die

Auch zur Dekoration von Speisen und Getränken ist die Melisse sehr beliebt.

Bauerngärten Einzug und fand als Tee, Bad oder Geist gegen zahlreiche Missbefindlichkeiten des Alltags Verwendung. Im Vordergrund stand dabei immer die beruhigende Wirkung der Melisse, die in neueren pharmakologischen Untersuchungen auch bestätigt werden konnte. Des Weiteren gilt die Zitronenmelisse als gute Bienenfutterpflanze und wurde von den Imkern zum Ausreiben von Bienenbeuten verwendet, damit das Volk nicht ausschwärmt. Ursprünglich stammt sie aus dem Vorderen Orient, fühlt sich aber bei uns an fast jedem Standort wohl.

Mutterkraut

(Tanacetum parthenium)

Mit dem Namen Mutterkraut werden regional viele weitere, verschiedene Pflanzen bezeichnet, die zumeist als Heilkraut bei Frauenleiden Verwendung fanden. Man muss also bei volkstümlichen Benennungen von Pflanzen schon genau darauf achten, um welche es sich tatsächlich handelt.
Dieses Mutterkraut – *Tanacetum parthenium* – ist ein stark aromatisches Kraut mit strengem, kamilleartigem Geruch und äußerst bitterem Geschmack. Auch die Blüte erinnert an Kamille. Ursprünglich ist es im östlichen Mittelmeerraum heimisch, wurde aber vor langer Zeit als Heilpflanze bei uns eingeführt. Bereits im Mittelalter stand es als Heilkraut in der Frauenheilkunde in hohem Ansehen. Vor allem während der Geburt, aber

Das Mutterkraut in seiner gefüllten Form ist eine durchaus ansprechende Zierpflanze.

auch bei Periodenkrämpfen und unregelmäßigen Zyklen wurden seine krampflösenden und schmerzstillenden Eigenschaften geschätzt. Es war aber auch ein altbekanntes Mittel bei Kopfschmerzen und Migräne. Diese Wirkung konnte inzwischen durch neue phytopharmakologische Erkenntnisse bestätigt werden. Täglich nur ein frisches Blatt soll Migräne vorbeugen bzw. die Häufigkeit der Migräneanfälle deutlich verringern. Wieder ein Beispiel dafür, wie gut sich unsere Vorfahren im Pflanzenbereich auskannten und dessen Heilkräfte zu nutzen wussten. Heute ist diese einst hoch angesehene Heilpflanze leider weitgehend aus den Gärten verschwunden und fristet ihr Dasein als verwildertes Unkraut auf lehmigen, nährstoffreichen Böden in der Nähe von Höfen. Einige Staudengärtner haben sich jedoch ihrer angenommen und einige sehr schöne Sorten ausgelesen. 'Elfenbeinknöpfchen' oder 'Sissinghurst

White' sind es wert, wieder in die Bauerngärten aufgenommen zu werden.

Salbei
(Salvia officinalis)

Der Name des Salbei wird vom lateinischen »salvus« (gesund) abgeleitet. Er hat eine lange Tradition in der Klosterheilkunde und gilt in der Volksmedizin als die »Mutter aller Heilpflanzen«. Seine entzündungshemmenden, adstringierenden und schweißhemmenden Eigenschaften wurden in der Volksmedizin wohl genutzt und mittlerweile von der modernen Wissenschaft bestätigt.

Auch heute noch empfiehlt man Salbeitee gegen Nachtschweiß, zum Gurgeln bei Halsschmerzen und Zahnfleischentzündungen, aber auch jungen Müttern zur Erleichterung des Abstillens. Unendlich lang wäre die Liste der Anwendungsmöglichkeiten, wollte man sie alle aufzählen.

Erwähnt sei jedoch noch seine Verwendung als Gewürzpflanze: In Tomatengerichten, Leber- oder fetten Fleischspeisen sollte Salbei niemals fehlen, auch wenn mit den äußerst intensiv riechenden Blättern sehr sparsam umgegangen werden muss.

Wie viele Gewächse aus dem Mittelmeergebiet liebt der leicht verholzende Salbei mit seinen graufilzigen Blättern volle Sonne und durchlässigen, steinigen Boden. Jährlichen Rückschnitt dankt er mit kompaktem Wuchs.

Die Salbeisorte 'Berggarten' besticht durch ihren üppigen, kugeligen Wuchs und kann wie der gewöhnliche Salbei verwendet werden.

Schlafmohn
(Papaver somniferum)

Als uralte Kulturpflanze ist der Schlaf-Mohn in der Landgüterverordnung Karls des Großen erwähnt, und seine Verwendung als Schmerz- und Betäubungsmittel geht sogar bis auf die Ägypter zurück, die schon die narkotisierende Wirkung des enthaltenen Morphins zu nutzen wussten.

In erster Linie wurde er aber wegen seiner ölreichen Samen angebaut, die ein schnell trocknendes Öl lieferten, das u. a. für Ölfarben verwendet wurde. Der Mohn im Bauerngarten lieferte Samen für mancherlei Gebäck – aber auch für einige Unsitten, die in der Volks-

Der Anbau dieser wunderbaren, uralten Kulturpflanze ist leider untersagt.

heilkunde lange Zeit verbreitet waren. Schreiende Kinder wurden mit Abkochungen aus Mohnkapseln in Form von Sirup beruhigt oder unreife Mohnsamen in ein Säckchen gegeben und kleinen Kindern statt eines Schnullers überlassen.

Um jeglichen Missbrauch zu verhindern, unterliegt der Anbau dieser aus Ostasien stammenden, bei uns einjährigen Pflanze dem Betäubungsmittelgesetz und darf nur unter staatlicher Aufsicht durchgeführt werden.

Schon wegen ihres Duftes sollte die Weinraute in keinem Kräuterbeet fehlen. In kalten Lagen empfiehlt sich allerdings ein Winterschutz.

Weinraute

(Ruta graveolens)

Dieses wintergrüne, mediterrane Gewächs war eine berühmte Heilpflanze des Mittelalters. Damals gab es kaum eine Krankheit, gegen die die Raute nicht ihre Heilkraft entfalten sollte. Bei Sehschwäche, Leibschmerzen, Menstruationsbeschwerden, Hautausschlägen und sogar als Pestmittel wurde sie eingesetzt. Von den Mönchen wurde sie in Klostergärten gezogen und gelangte schließlich auch in die Bauerngärten, wo sie vor allem wegen ihrer verdauungsfördernden und magenstärkenden Wirkung geschätzt wurde. Heute hat sie zwar kaum noch eine Bedeutung als Heilkraut, doch sollte man diese gelb blühende Staude mit ihrem blaugrünen, fein gefiederten Laub wegen ihres aromatischen Duftes wieder öfter in den Gärten ziehen. Sorten wie 'Jackman's Blue' sind intensiver in ihrer Farbe und äußerst attraktiv in Duftsträußen. Zu kleinen Hecken geschnitten, kann die Weinraute auf durchlässigen, warmen Böden den Buchs ersetzen. Gewarnt sei jedoch vor zu viel Kontakt, denn manche Menschen reagieren allergisch auf das enthaltene Öl; vor allem in Verbindung mit Sonne kann es zu Lichtdermatosen kommen.

Ysop

(Hyssopus officinalis)

Erste Angaben über den Ysop findet man in der »Physica« der Hildegard von Bingen. Später wird dieser aus dem Mittelmeerraum stammende, stark aromatisch duftende Halbstrauch, der nichts mit dem biblischen Ysop zu tun hat, in den Kräuterbüchern als Mittel gegen Lungenleiden und Ohren-

Die tiefblauen Blüten des Ysop locken Hummeln, Bienen und Schmetterlinge in großer Zahl an.

schmerzen beschrieben. Auch zur Herstellung gewürzter Weine (Ysopwein) wurde er verwendet. Bis in die heutige Zeit gehalten hat sich seine Anwendung bei Problemen des Verdauungstraktes sowie zur Schleimlösung bei trockenem Husten. Seine ätherischen Öle wirken überdies appetitanregend und schweißtreibend.

Ysop liebt ebenso wie die Raute und der Salbei einen trockenen Standort und volle Sonne und sollte wie diese alljährlich zurückgeschnitten werden, um gut in Form zu bleiben.

Gewürzkräuter

Da sich die Anwendungsgebiete von Heilkräutern und Gewürzkräutern stark überschneiden, ist eine klare Trennung eigentlich nicht möglich. Viele Küchenkräuter werden gleichermaßen als Gewürz wie als Arznei verwendet. Salbei zum Beispiel ist ein beliebtes Würzkraut zu Fleischgerichten, wird aber auch als Tee bei Halsentzündungen gegurgelt und schafft rasche Linderung. Oder Kümmel in Sauerkraut: Das schmeckt nicht nur gut, es macht den Kohl auch wesentlich bekömmlicher. Gewürze machen Nahrungsmittel erst zu Speisen, das war bereits den Menschen früherer Zeiten bekannt. Auch wussten sie schon damals die ernährungsphysiologische Wirkung der Pflanzen zu schätzen. Mit ihrem Gehalt an Vitaminen, Mineralstoffen und Spurenelementen bereicherten die Gewürzkräuter die ansonsten wohl eher ärmliche

Kost der Menschen auf dem Land. In der modernen Küche ist richtiges Würzen gefragter denn je. Und da die meisten Kräuter am besten frisch verwendet werden, ist es von Vorteil, sie im eigenen Garten zu ziehen.

Bohnenkraut

(Satureja hortensis, S. montana)

In den Schriften des Altertums findet sich wenig über das Bohnenkraut, obgleich seine ursprüngliche Heimat das Mittelmeergebiet ist. Doch bereits zu Zeiten Karls des Großen war es nicht nur als Würz-, sondern auch als Heilkraut wohlbekannt. Man gebrauchte es in der Volksmedizin als nervenstärkendes, verdauungsförderndes und blähungstreibendes Mittel. Und diesen aus der »alten« Medizin stammenden Ruf hat das Kraut in verschiedenen Nachprüfungen mehrmals bestätigt bekommen. Heutzutage ist die Verwendung als Heilpflanze zweitrangig. Als Gewürz wird es nach wie vor aber sehr geschätzt. Nicht nur die grünen Bohnen verlangen nach Bohnenkraut. Sein aromatisches, leicht bitter-scharfes Aroma macht es enorm vielseitig. Es passt sehr gut zu deftigen Eintöpfen, in die Kartoffelsuppe und zu Bratkartoffeln, ja sogar Zucchinigemüse wird mithilfe des Pfefferkrauts, wie es auch genannt wird, würzig und pikant. Bohnenkraut ist ein echtes Sommergewürz. Je mehr Sonne die Pflanze erhält, desto würziger ist sie. Will man sie trocknen, ist der

Deftige Hausmannskost wird durch Bohnenkraut bekömmlicher.

beste Erntezeitpunkt kurz vor der Blüte. Man hängt die Stängel gebündelt kopfüber auf und streift die Blätter nach dem Trocknen einfach ab und gibt sie in gut schließende Dosen. So ist der Wintervorrat gesichert. Eine nahe verwandte Art ist das **Berg-Bohnenkraut** *(Satureja montana)*, das im Gegensatz zu *S. hortensis* mehrjährig ist und mit der Zeit ganz verholzte Stängel aufweist. Die Inhaltsstoffe und die Verwendung sind gleich, man spart sich allerdings die jährliche Neuansaat.

Borretsch

(Borago officinalis)

Blühender Borretsch ist mit seinen himmelblauen Sternblüten nicht nur eine vortreffliche Bienen-, sondern auch eine wahre Augenweide

Borretsch, das Gurkenkraut, besticht mit seinen himmelblauen Blüten nicht nur die Bienen.

Dill
(Anethum graveolens)

Aus Persien ist der Dill in unsere Gärten gelangt. Wesentlich anspruchsvoller in der Kultur als der Borretsch, bevorzugt er zwar eine warme Lage, möchte aber doch immer genügend Wasser zur Verfügung haben. Eine Vorkultur im Haus ist bei der Anzucht erfolgversprechender als eine Direktsaat. Die jungen, fiederschnittigen Blätter des Dills werden in der Küche hauptsächlich frisch verwendet und passen gut zu Salaten, Kartoffeln und besonders zu Fisch. Aufgrund seines charakteristischen Eigenduftes verwendet man Dill nicht mit anderen Käutern zusammen und lässt ihn auch nie mitkochen.

im Garten. Seine rauhaarigen Blätter strömen einen intensiven Gurkengeruch aus, was ihm auch den Beinamen »Gurkenkraut« einbrachte. Man verwendet die möglichst jungen, mineralstoffreichen Blätter dieser mediterranen Pflanze für Salate, Soßen und Fischgerichte sowie zum Einlegen von Gurken. Die herrlichen Blüten entzücken als ausgefallene essbare Dekoration sowohl in Salaten als auch auf Süßspeisen.

Ausgesät werden muss diese einjährige Pflanze im Garten nur einmal. Dann vermehrt sie sich großzügig von selbst und erscheint zuverlässig jedes Jahr an allen möglichen und unmöglichen Stellen im Garten, lässt sich aber wegen ihrer Pfahlwurzel nur schlecht verpflanzen.

Dill möchte »den Kopf im Feuer der Sonne und die Füße im feuchten Schatten haben«, sagt ein alter Gärtnerspruch.

Beim Trocknen kommt es zu Aromaverlust, sodass das Tiefkühlen als Konservierungsmethode zu bevorzugen ist.

Kerbel

(Anthriscus cerefolium)

Auch der Gartenkerbel ist ein einjähriges Gewürzkraut und wird etwa seit dem 16. Jahrhundert bei uns angebaut. Vermutlich stammt er aus Südrussland oder Westsibirien. Will man ihn in der Küche stets frisch zur Hand haben, empfiehlt es sich, ihn von März bis Mai immer wieder auszusäen, da nur die ganz jungen Blätter wirklich aromatisch schmecken. Das feine Aroma erinnert ein wenig an Anis und passt hervorragend zu Speisen mit Ei oder Fisch. Im Gegensatz zu früher, wo der Kerbel ein allgemein verbreitetes Suppenkraut war, hat er heute keine allzu große Bedeutung mehr, was sicher auch daran liegt, dass er wirklich nur frisch verwendet werden kann.

Koriander

(Coriandrum sativum)

Ebenfalls seit dem 16. Jahrhundert ist der Koriander als Geschmackskorrigens bekannt. Seine Heimat liegt vor allem im Vorderen Orient, nicht selten trifft man ihn aber auch bei uns verwildert an. Die getrockneten Korianderfrüchte sind seit jeher ein geschätztes Brotgewürz, geben aber auch Fleisch- und Wurstwaren sowie Bohnen- und

Für Suppen, Soßen und als Salatwürze ist der Kerbel ideal.

Rote-Rüben-Gerichten einen ausgezeichneten Geschmack. Heftig umstritten dagegen ist der Geschmack von frischen Korianderblättern oder den unreifen Früchten. Ihr Geruch nach Wanzen brachte dem Kraut sogar den abfälligen Beinamen »Wanzenkraut« ein. In anderen Kulturen wird aber gerade diese Duftnote hoch geschätzt. Die Geschmäcker sind eben verschieden.

Bei der Aussaat der einjährigen Pflanze muss beachtet werden, dass es sich um einen Dunkelkeimer handelt, was bedeutet, dass die Samen mit Erde bedeckt werden müssen. Korianderfrüchte fallen leicht ab. Will man sie trocknen, erntet man deshalb die halbreifen Dolden und hängt sie zum Nachtrocknen gebündelt und kopfüber auf. Nach der Reife schüttelt man die Früchte ab und bewahrt sie trocken und luftdicht auf.

Liebstöckel

(Levisticum officinale)

Die wohl bekannteste Würzpflanze überhaupt ist das Liebstöckel. Ursprünglich in Südpersien beheimatet, fand es schon früh den Weg in die Gärten. Bereits im »Capitulare de villis« ist es erwähnt. Die Blätter dieser langlebigen, bis zwei Meter hoch werdenden Staude haben eine enorme Würzkraft. Der Geruch erinnert an den bekannten Maggi-Würzextrakt, was ihr schließlich den Beinamen »Maggikraut« einbrachte. In der Küche verwendet man die frischen, jungen Blätter zu deftigen Suppen, Soßen und Ragouts, wobei diesmal ein Mitkochen dem Aroma förderlich ist. In einen nährstoffreichen, tiefgründigen Boden gepflanzt, entwickelt sich dieses Gewürzkraut – genügend Standraum vorausgesetzt – zu einer imposanten Pflanzengestalt, deren blassgelbe Doldenblüten eine herrliche Zierde sind.

Liebstöckel beansprucht zu seiner vollen Entfaltung viel Platz im Garten.

Traditionelle Heil- und Gewürzpflanzen im Bauerngarten (* = im Text beschrieben)

Deutscher Name	Botanischer Name	Lebens-dauer[1]	Droge	Verwendung[2]	Bemerkungen
Alant	*Inula helenium	♃	Wurzel	HK bei Magen-beschwerden	imposante Blütenstaude
Andorn	Marrubium vulgare	♃	Kraut	HK bei Gallenleiden	
Anis	Pimpinella anisum	☉	Spaltfrüchte	G für Gebäck, Brot	auch Heilkraut
Baldrian	Valeriana officialis	♃	Wurzel	HK mit beruhigender Wirkung	
Balsamkraut	Chrysanthemum balsamita	♃	Kraut	früher HK zur Krampf-stillung	»Schmeckablattl«
Basilikum	Ocimum basilicum	☉	junge Blätter	G für Tomaten	nur frisch verwenden
Beifuß	Artemisia vulgaris	♃	Rispen kurz v. d. Aufblühen	G für fette Speisen	auch Heilkraut
Beinwell	*Symphytum officinale	♃	Wurzel	HK bei Geschwüren	äußere Anwendung
Benediktenkraut	Cnicus benedictus	♃	Kraut	HK bei Verdauungs-störungen	appetitanregend
Betonie	Stachys officinale	♃	Kraut	früher HK b. Darm-erkrankungen	
Bibernelle	Pimpinella saxifraga	♃	Wurzel	HK bei Husten	
Blutwurz	Potentilla erecta	♃	Wurzel	HK bei Entzündungen im Mund und Rachenraum	frische Wurzel färbt sich blutrot
Bockshornklee	Trigonella foenum-graecum	☉	getr. Samen	G für Käse, Brot	unangenehmer Geruch
Bohnenkraut	*Satureja hortensis	☉	junge Blätter	G für Hülsenfrüchte	früher Pfefferersatz
Borretsch	*Borago officinalis	☉	junge Blätter	G für Salat	nur frisch verwenden
Brotklee	Trigonella coerulea	☉	getr. Samen	G für Käse, Brot	
Brunnenkresse	Nasturtium officinale	♃	frische Blätter	G für Salate	appetitanregend
Dill	*Anethum graveolens	☉	junge Triebe	G für Salat, Fisch	gut gegen Blähungen
Dost	Origanum vulgare	♃	junge Triebe	G für Tomaten, Braten	erinnert an Majoran
Eberraute	*Artemisia abrotanum	♃	Blattspitzen	G für fette Speisen	auch HK, Mottenmittel
Eibisch	*Althea officinalis	♃	Wurzel		HK bei Husten
Engelwurz	*Angelica archangelica	♃	Wurzel	HK bei Verdauungs-störungen	imposante Staude
Fenchel	Foeniculum vulgare	⊙	Früchte	G für Brot, Gebäck	auch Heilkraut
Frauenmantel	Alchemilla vulgaris	♃	Blätter	HK bei Frauenleiden	umstritten
Johanniskraut	Hypericum perforatum	♃	Triebspitzen	HK bei Schlafstörungen	neuerdings bei Depressionen verwendet
Kerbel	*Anthriscus cerefolium	☉	frische Blätter	G für Suppen, Salate	nur frisch verwenden
Knoblauch	Allium sativum	♃	Zwiebel	G für Fleisch, Salate	wirkt desinfizierend
Königskerze	*Verbascum-Arten	⊙	Blüten	HK bei Husten	schöne Blütenstände
Koriander	*Coriandrum sativum	☉	Früchte	G für Brot, Wurst	HK bei Magenbeschwerden
Krause Minze	Mentha spicata var. crispa	♃	Kraut	früher HK bei Blähungen	

Deutscher Name	Botanischer Name	Lebens-dauer[1]	Droge	Verwendung[2]	Bemerkungen
Kümmel	Carum carvi	⊚	Früchte	G für Brot, Braten	gut gegen Blähungen
Lavendel	Lavandula officinalis	Hs	junge Blätter	G für Braten, Eintopf	auch HK, Mottenmittel
Liebstöckel	*Levisticum officinale	♃	junge Blätter	G für Suppen	nur frisch verwenden, »Maggikraut«
Majoran	Majorana hortensis	♃	junge Blätter	G für Wurst, Kartoffel	
Mariendistel	Silybum marianum	⊚	reife Früchte	HK bei Leber-erkrankungen	wiederentdeckt
Meerrettich	Armoracia rusticana	♃	Wurzel	G für Saucen, Fleisch	
Melisse	*Melissa officinalis	♃	junge Triebe	G für Salate, Saucen	auch HK, intensives Aroma
Minze	Mentha-Arten/-Sorten	♃	junge Blätter	G für Salate, Tee	
Mutterkraut	*Tanacetum parthenium	♃	frische Blätter	HK bei Frauenleiden	pflanzliches »Aspirin«
Odermennig	Agrimonia eupatoria	♃	Kraut	HK bei Rachenentzündungen	
Petersilie	Petroselinum crispum	⊚	frische Blätter	G für Suppen, Gemüse	»Universalgewürz«
Rosmarin	*Rosmarinus officinalis	Hs	junge Blätter	G für Fleisch, Wurst	auch HK, frostempfindlich
Salbei	*Salvia officinalis	Hs	junge Blätter	G für Fleisch, Tee	auch HK
Schafgarbe	Achillea millefolium	♃	Triebspitzen	HK bei Verdauungs-problemen	
Schalotte	Allium ascalonicum	♃	Zwiebel	G für Fleisch, Gemüse	feiner als Zwiebel
Schlafmohn	*Papaver somniferum	⊙	Milchsaft in d. unreifen Kapseln	HK: Betäubungsmittel	Anbau verboten!
Schnittlauch	Allium schoenoprasum	♃	frisches Laub	G für Salate, Suppen	nur frisch verwenden
Schöllkraut	Chelidonium majus	♃	Kraut	HK bei Gallenleiden	früher Warzenmittel
Schwarzer Senf	Brassica nigra	⊙	Samen	HK bei Gelenk-entzündungen	äußerliche Anwendun
Tausend-güldenkraut	Centaurium erythraea	♃	Kraut	HK zur Appetitanregung	
Thymian	Thymus vulgaris	Hs	junge Blätter	G für Fleisch, Gemüse	intensives Aroma
Wegwarte	Cichorium intybus	⊚	Kraut	HK bei Appetitlosigkeit	
Weinraute	*Ruta graveolens	Hs	frische Blätter	G für Salate, Wildgerichte, auch intensives HK	Aroma
Weißer Senf	Sinapsis alba	⊙	Samen	HK bei Gelenk-erkrankungen	äußerliche Anwendung
Wermut	Artemisia absinthium	Hs	junge Blätter	G für fette Speisen auch HK, sehr bitter	
Ysop	*Hyssopus officinalis	Hs	junge Blätter	G für Gemüse auch HK	

[1] ⊙ = einjährig, ⊚ = zweijährig, Hs = Halbstrauch, ♃ = Staude
[2] HK = Heilkraut, G = Gewürzpflanze

Gemüse – das Nahrhafte

Pflanzen, die reich an Stärke, Zucker oder Fett sind, waren wie bereits erwähnt die Ersten, die in die Bauerngärten Einzug hielten, da sie der Ernährung dienten. Die frühesten Gemüsepflanzen als Zukost zur Brotfrucht waren somit Hülsenfrüchte wie Feldlinse, Felderbse und Saubohne. Weiterhin spielten Pastinake, Wilde Möhre und Kohl in seiner wild wachsen-den Form eine große Rolle. Auch Pflanzen, die man heute nur noch als Unkräuter kennt, wurden als Nahrungsmittel angebaut: die verschiedenen Ampferarten, der Gute Heinrich, der Wegerich, die Wegwarte und die Brennnessel.

Zu Beginn der christlichen Zeitrechnung kamen mit den Römern **Fremdlinge aus Südeuropa** dazu: Salat, Gartenkresse und Endivie wurden nun ebenso angebaut wie die aus Zentralasien stammenden Lauchgewächse Zwiebel, Knoblauch und Porree. Schließlich gelangten durch die Entdeckung Amerikas in rascher Folge zwei neue Gemüsearten **aus der Neuen Welt** zu uns, die anfänglich mit Argwohn betrachtet, mit der Zeit aber zur Volksnahrung wurden, auf die man nicht mehr verzichten möchte: Kartoffeln und Tomaten. Jedes Gemüse hat also seine eigene Geschichte. Typisches »Bauerngartengemüse« gibt es nicht.

Faszinierende Gemüsevielfalt – und jeder Platz ist ausgenutzt.

Durch die stete eigene Samenernte und den Wiederanbau entstanden **Lokalsorten**, die den jeweiligen Standortbedingungen angepasst waren und von Generation zu Generation, von Garten zu Garten weitergereicht wurden. Diese verschwanden allerdings mit dem Aufkommen des Saathandels, der den Bäuerinnen bessere und ertragreichere **Hybridsorten** versprach. Mit den Landsorten ging eine große Pflanzenvielfalt verloren, und ein standardisiertes Gemüsesortiment hielt in die Gärten Einzug. Wie man sich denken kann, nicht immer zum Wohl der Konsumenten.

Andere Gemüsearten, die einst in jedem Garten standen, sind im Laufe der Zeit vom Küchenzettel verschwunden und so in Vergessenheit geraten. Pastinake und Puffbohne, Portulak und Mangold wurden durch »feinere« Gemüse ersetzt. Es geht also auch der Gemüseanbau gewissermaßen mit der Mode.

Traditionelle Gemüse

So ist es heute im Trend, dieses **»alte Gemüse«** wiederzuentdecken. Und das zu Recht, denn viele dieser fast vergessenen Gemüsearten sind sehr anspruchslos und bringen dabei Abwechslung in die Fruchtfolge wie in den Speiseplan. Ganz neue Geschmackserlebnisse tun sich auf, probiert man einmal Baumspinat, Kerbelrübe oder Zuckerwurzel. Schon die Namen klingen vielversprechend. Greift man bei den üblichen Gemüse-

sorten wie Salat, Bohnen oder Tomaten auf Lokalsorten zurück, wird man feststellen, dass diese oft wesentlich aromatischer sind als Sorten, deren einziges Zuchtziel es war, die Strapazen des Handels zu überstehen oder möglichst viele Resistenzen gegen Krankheiten in sich zu bergen.

Bohnen

(Vicia faba, Phaseolus-Arten)

Lange bevor die aus Südamerika stammenden **Garten- und Feuerbohnen** (*Phaseolus vulgaris* bzw. *P. coccineus*) bei uns kultiviert wurden, dienten die eiweißreichen Samen der Dicken Bohne oder Puffbohne (*Vicia faba*) als wichtiges Nahrungsmittel. Die auch Acker- oder Saubohne genannte Pflanze stammte ursprünglich aus dem Mittelmeerraum und verbreitete sich aufgrund ihrer Toleranz gegenüber niedrigen Temperaturen bis in den hohen Norden.

Im Gegensatz zu den äußerst kälteempfindlichen Gartenbohnen kann sie schon sehr früh ausgesät werden und bringt bereits im Juni die erste Ernte. Hierbei ist es wichtig, den richtigen Reifezeitpunkt nicht zu übersehen. Die Bohnenkerne dürfen noch nicht mehlig sein, um gut zu schmecken. Mehrmaliges Durchpflücken des Bestandes ist also erforderlich. Wurden früher die Dicken Bohnen in der Küche hauptsächlich zu sättigenden Suppen und Eintöpfen verwendet, greift man heute eher auf leichtere Rezepte der mediter-

Hoch hinaus wollen die Stangenbohnen.

ranen Küche zurück, in der die Puffbohne häufig verwendet wird. Eine sehr interessante Bohne, die man in Bauerngärten fand, ist die sogenannte **Monstranzbohne** (*Phaseolus vulgaris* 'Nonnen-Nabel'). Dies ist eine Bohnensorte, um die sich zahlreiche Geschichten ranken. Grund dafür ist die sonder-

»Monstranzbohnen« sind schon etwas Besonderes.

bare Zeichnung auf den mattweißen Samen, die einer Monstranz sehr ähnlich ist. So heißt es in einer Version, ein Dieb hätte aus einer Kirche eine Monstranz gestohlen und in einem Acker vergraben. Als der Bauer das Feld pflügen wollte, bockte das Pferd an einer Stelle. Der Bauer, der daraufhin in der Erde grub, fand die Monstranz und brachte sie in die Kirche zurück. Auf den Acker säte er Weiße Bohnen. Die Ernte davon war reichlich, und zu seinem Erstaunen trugen alle diese Bohnen als Zeichen das Abbild der Monstranz. Durch die Zeichnung war diese Bohne etwas Besonderes. Man war stolz darauf, so etwas im Garten zu haben, und reichte übrige Samen über den Gartenzaun weiter. So konnte sich diese alte Sorte bis in die heutige Zeit retten, und hat man etwas Glück, bekommt man auch einmal einige Samen davon geschenkt. Die Monstranzbohne wurde nicht nur für die Verwendung in der Küche angebaut, da und dort fertigte man aus ihr auch kunstvolle Rosenkränze und brachte sie so zu besonderen Ehren.

Kohlrübe und Speiserübe

(Brassica napus subsp. *napobrassica* bzw. *Brassica rapa* subsp. *rapa)*

Die Knolle der **Kohlrübe**, die küchentechnisch zu den Wurzelgemüsen gezählt wird, hat eine annähernd runde Form, eine derbe Schale und weißliches oder gelb-

Herbstrüben zeigen im Schulterbereich eine charakteristische Rotfärbung.

liches Fleisch mit herbsüßem Geschmack. Die Blätter sind im Gegensatz zu der ihr verwandten Speiserübe blau bereift. Die Herkunft der Kohlrübe ist unklar. Man nimmt an, dass sie einer Kreuzung von Kohlrabi und Herbstrübe entstammt.

Den meisten Leuten ist die Kohl- oder Steckrübe, wie sie auch genannt wird, aus den Geschichtsbüchern bekannt, da sie in den legendären »Steckrübenwintern« 1917 und 1918 die Kartoffel ersetzen musste. Dies brachte ihr vielleicht auch den nachhaltig schlechten Ruf ein, und so wurde sie fortan nur noch als Viehfutter angebaut.

Der Name Steckrübe kommt von (in die Erde) stecken, d.h. sie werden nicht direkt aufs Beet gesät, sondern kommen erst nach einer Vorkultur im Frühbeet an ihren endgültigen Standort. Die Ernte dieses schnell wachsenden und ertragreichen Wurzelgemüses erfolgt ab Oktober bis in den Winter hinein, da ein paar Minusgrade nicht schaden. Zur Bevorratung ist die Lagerung in Kellern und Mieten jedoch vorzuziehen. Üblicherweise wurden die kalorienarmen Knollen in der Küche geschält, in Stifte geschnitten und angedünstet als Beilage verwendet. Erfinderische Köchinnen verstanden es aber, Gerichte wie Kohlrübensuppe, Kohlrübenkuchen oder gar Kohlrübenschnitzel aus dieser Gemüseart zu zaubern. Ein Blick in alte Kochbücher eröffnet da Welten und sollte Lust machen, dieses alte Gemüse doch einmal auszuprobieren.

Zusammen mit der Kohlrübe gehörte die **Speiserübe** vor Einführung der Kartoffel zu den Grundnahrungsmitteln der Landbevölkerung. Im Grunde genommen steht Speiserübe als Sammelbegriff für zahlreiche Unterarten, die meist nur regional angebaut wurden. Herbstrüben, auch Stoppelrüben genannt, fallen ebenso darunter wie Mairüben, Rübstiel oder die bekannten Teltower Rübchen. Auch die Bayerische Rübe, die sich da und dort bis in die heutige Zeit gehalten hat, gehört zu dieser Rübenverwandtschaft. Einige von ihnen erleben zurzeit eine wahre Renaissance und werden als Delikatesse gehandelt. Grund genug, sie im eigenen Garten anzubauen, auch wenn die Saatgutbeschaffung nicht immer ganz einfach sein dürfte.

Kürbis

(Cucurbita maxima, C. pepo, C. moschata)

Was wir gewöhnlich alles als Kürbis bezeichnen, stammt von verschiedenen Arten ab. Die Wichtigsten sind der Riesenkürbis *(C. maxima)*, der Gartenkürbis *(C. pepo)*, von dem auch die Zucchini abstammen, und der Moschuskürbis *(C. moschata)*. Alle kommen sie ursprünglich aus Mittel- und Südamerika und wurden dort von den Indianern als »Göttergeschenk« gepriesen und verehrt und seit Tausenden von Jahren kultiviert. Mit den Seefahrern gelangte der Kürbis schließlich nach Europa und galt lange Zeit als plumpes, gewöhnliches Gemüse, gerade gut genug für den Speiseplan armer Leute. In Österreich, speziell in der Steiermark, wurde der Kürbis von den Bauern zur Ölgewinnung angebaut. Auch heute noch presst man dort aus den Kernen bestimmter Sorten, zum Beispiel dem »Gleisdorfer Ölkürbis«, hochwertiges Speiseöl mit leicht nussigem Geschmack und einem hohen Anteil essenzieller Fettsäuren. Die dunkelgrünen, schalenlosen Kerne gelten geröstet und leicht gesalzen oder auch karamellisiert als Spezialität.

Mittlerweile hat in Deutschland ein wahrer Kürbisboom eingesetzt. Man hat entdeckt, dass der Kürbis extrem kalorienarm ist – was früher ja eher ein Nachteil war –, dabei aber reich an Nährstoffen. Auch seine geschmacklichen Vorteile werden immer mehr geschätzt. Wobei zu beachten ist, dass Kürbis

Ein Herbst ohne die sowohl dekorativen als auch schmackhaften Kürbisse ist heute nicht mehr denkbar.

nicht gleich Kürbis ist. Für jeden Verwendungszweck gibt es passende Sorten: 'Gelber Zentner' eignet sich zum Beispiel gut zum Herstellen von süßsaurem Kürbiskompott, 'Butternut' für Kürbismarmelade und 'Uckiki Kuri' für fruchtige Kürbissuppen und -kuchen. Ein Ausprobieren der vielen verschiedenen Sorten ist sehr zu empfehlen. Eine wahre Leidenschaft kann sich daraus entwickeln.

Wegen der Frostempfindlichkeit der Kürbisse ist eine Anzucht im Haus und das Auspflanzen nach den Eisheiligen ratsam. Außerdem benötigt er viel Wasser und Sonne und, nicht zu vergessen, viel Platz: Eine Fläche von zwei bis vier Quadratmetern ist gleich überwuchert. Geerntet werden einige Sorten ganz jung, andere wiederum lässt man ausreifen und kann sie dann monatelang lagern – nicht nur für die Küche, sondern auch zur Zierde.

Lauch

(Allium ampeloprasum var. *porrum)*

Siehe Zwiebeln (Seite 89).

Mangold

(Beta vulgaris subsp. *vulgaris)*

Der Mangold ist eine sehr alte Kulturpflanze, die eng mit der Zuckerrübe und der Roten Bete verwandt ist. Sie alle gehören zur Familie der Gänsefußgewächse und bilden sogenannte Samenknäuel aus, was bedeutet, dass die Pflanzen nach der Keimung vereinzelt werden müssen.

Einst als Spinatgemüse weit in den Gärten verbreitet, befand Mangold sich, verdrängt durch andere Gemüsearten, lange Zeit stark im Rückzug, doch in neuerer Zeit hat dieses zarte Blattgemüse wieder an Bedeutung gewonnen und stellt auf dem Speisezettel eine willkommene Abwechslung dar. Zwei Arten sind dabei zu unterscheiden: Blattmangold, bei dem die Blätter wie Spinat zubereitet werden, und Stielmangold, der in der Küche ähnlich wie Spargel verwendet wird. Besonders dekorativ machen sich rotorange- und gelbstielige Mangoldsorten im Bauerngarten und vereinen so, wie in alten Zeiten, Nutzen und Zierde.

Die Kultur dieser fast vergessenen Gemüseart, die am Beginn einer

Eine farbenfrohe Spinatspezialität – der Mangold – wurde wiederentdeckt.

Das Herz des Baumspinats ist auffallend lila gefärbt. Man nennt ihn daher auch Magentaspinat.

neuen Karriere steht, ist recht einfach. Ausgesät wird ab Ende April in einem Abstand von etwa 25 × 30 cm. Bis zur Ernte vergehen um die zehn Wochen. Unter Schonung der Herzblätter bricht man immer nur die äußeren Blätter ab, sodass eine laufende Beerntung derselben Pflanze möglich ist. Neben dem Mangold gab es noch viele andere »Spinatpflanzen«. Die **Melde** (*Atriplex hortensis*), der **Gute Heinrich** (*Chenopodium bonus-henricus*), **Amarant** (*Amaranthus lividus*) und **Baumspinat** (*Chenopodium giganteum*) gehörten dazu. Mit Einführung des **Echten Spinats** (*Spinacia oleracea*) gerieten sie alle mehr oder weniger in Vergessenheit. Zu Unrecht eigentlich, denn in der Kultur sind sie anspruchslos, und ihr Geschmack als Gemüsebeilage ist angenehm. Ein Ausprobieren lohnt sich in jedem Fall.

Meerrettich

(Armoracia rusticana)

Eher als Heil- denn als Gemüsepflanze wurde der Meerrettich früher angebaut. Die bayerische Bezeichnung Kren stammt wie die Pflanze selbst wohl aus Südeuropa. Das slawische Wort »krenas« bedeutet weinen, und die scharfe Wurzel rührt beim Reiben wahrhaftig zu Tränen. Schuld daran sind die enthaltenen Senföle, die wiederum auch seine gesundheitsfördernde Wirkung ausmachen. Sie wirken schleimlösend bei Husten, aber auch antibakteriell bei Infektionen der Blase. In der Volksmedizin hatte daher die Krenwurzel ihren festen Platz. Als Gemüse wird Meerrettich meist gerieben verwendet. Entweder pur oder mit Äpfeln, Quark oder Sahne vermischt, ist er eine würzige Beilage zu Fleischgerichten. Am bekanntesten ist aber die Meerrettichsoße zu gekochtem Rindfleisch. Fertige Meerrettichzubereitungen sind zwar bequem zu handhaben, echte Krenliebhaber aber wissen, dass sie der frischen Wurzel bei Weitem unterlegen sind, sowohl im Geschmack als auch in ihrer Wirkung. Im Garten kann die Meerrettichstaude jahrelang am gleichen Platz

stehen und nach Bedarf beerntet werden. Die Wurzeln sind dann zwar schwächer als bei gärtnerisch kultivierter Ware, aber nicht minder aromatisch.

Pastinake

(Pastinaca sativa)

Bereits in den alten Kräuterbüchern wurde die Pastinake erwähnt. Bevor sie von Kartoffel und Karotte verdrängt wurde, zählte sie zu den wichtigsten Gemüsearten, die die Bevölkerung ernährten. Die möhrenartig fleischig verdickten Wurzeln der Hammelmöhre, wie sie manchmal auch genannt wird, schmecken süß, würzig und erinnern an Petersilie. Die Vollwertküche bringt das vitamin- und mineralstoffreiche Gemüse langsam, aber stetig wieder auf die Teller zurück. Pastinaken lassen sich in der Küche äußerst vielseitig einsetzen. Als Suppe oder Pürree kommt ihr Geschmack besonders gut zur Geltung und gibt Wild- und Lammgerichten das gewisse Etwas.

Die Kultur dieser äußerst widerstandsfähigen und anspruchslosen Pflanze gleicht der von Möhren, doch können die Pastinakrüben den Winter über in der Erde bleiben, ohne Schaden zu nehmen. Im Frühjahr muss die Ernte aber spätestens vor der Blüte abgeschlossen sein, da die Wurzeln sonst holzig und damit ungenießbar werden. Noch viele weitere Wurzeln und Knollen dienten vor der Einführung der Kartoffel der Ernährung.

Die Unterscheidung ist einfach: Die Wurzelschulter ist bei der Petersilie hochgewölbt und bei der Pastinake eingesunken.

Topinambur *(Helianthus tuberosus)* zum Beispiel, eine Sonnenblumenart, wurde jahrhundertelang als Gemüse kultiviert. Ihre frostharten Knollen enthalten ca. 20 Prozent Inulin und werden heutzutage als diätetisches Lebensmittel wieder sehr geschätzt. Oder auch die **Kerbelrübe** *(Chaerophyllum bulbosum)* eine sehr alte Kulturpflanze, die auch Erdkastanie genannt wird. Dies ist wohl ein Hinweis auf den Geschmack der Rübchen dieses Doldenblütlers. Das Aroma nach Esskastanien entsteht aber erst bei der Lagerung, sodass die Kerbelrübchen nach der Ernte erst einmal für einige Zeit eingesandet werden sollen, ehe man sie zubereitet. Auch die **Zuckerwurzel** (*Sium sisarum*) ist ein Doldenblütler, dessen Wurzeln in der Küche Verwendung fanden. Ein ganzes Büschel von länglichen Wurzelknollen hängt zur Erntezeit an einer Pflanze. Ihr Fleisch schmeckt mehlig und süß, weswegen sie sehr begehrt waren. Als gedünstetes Gemüse serviert, bereichert sie Wild- und Geflügelgerichte, aber auch mit anderen Gemüsen kann die Zuckerwurzel kombiniert werden.

Rettich, Radieschen

(Raphanus sativus)

Der Rettich spielt in der traditionellen Esskultur Bayerns eine große Rolle und wird dort gewöhnlich »Radi« genannt.
Wie so viele Pflanzen hat auch er seine Wurzeln im Mittelmeerraum und stammt wahrscheinlich vom

Frischer Rettich hat pralle, feste Wurzeln und ist ein echter Genuss.

dort vorkommenden Strandrettich (*R. maritimus*) ab. Dieser weist bereits eine verdickte Wurzel auf. Etwa ab dem 9. Jahrhundert ist sein Anbau in den Klostergärten belegt, und auch in den Kräuterbüchern wird der Rettich immer wieder erwähnt.
Im Laufe der Jahrhunderte sind durch Mutationen und Kreuzungen viele verschiedene Rassen und Sorten entstanden. So gibt es längliche und kugelige, kleine und große, rote, weiße und schwarze Knollen. Am bekanntesten ist sicherlich der bereits erwähnte »Radi« (*R. sativus* subsp. *niger*), den man in dünne Scheiben geschnitten und gesalzen als Brotzeit in den Biergärten schätzt.
Doch auch das Radieschen (*R. sativus* subsp. *sativus*) ist sehr geliebt. Dieses würzig-scharfe rote Knöllchen gehört zu den Gemüsearten mit der kürzesten Entwicklungszeit und ist im Frühjahr bereits nach sechs bis sieben Wochen erntereif. Es muss zügig heranwachsen, damit es fest und knackig wird, aber dennoch zart bleibt. Die Neigung zur Pelzigkeit ist überwiegend sortenbedingt, aber auch Hitze und Trockenheit können das Pelzigwerden beschleunigen.
Ein ideales Wintergemüse ist der **Schwarze Rettich** (*R. sativus* subsp. *niger* var. *niger*). Wie der Name schon andeutet, hat er eine schwarze, verkorkte Schale über dem weißen, festen Fleisch. Er gilt als das beste Grippemittel aus dem Naturgarten. Sirup aus dem Schwarzen Rettich hilft gegen Husten und ist besonders bei den

Kindern beliebt. Zubereitet wird er, indem man Kandiszucker in einen ausgehöhlten Schwarzen Rettich gibt und diesen warm stellt. In dem geschmolzenen Kandis befinden sich schließlich die heilkräftigen Stoffe des Rettichs, die schleim- und krampflösend wirken. Im Winterlager hält sich der Schwarze Rettich bis in das Frühjahr hinein und steht immer frisch und knackig zur Verfügung.

Schwarzwurzel

(Scorzonera hispanica)

Spargel der kleinen Leute, so wurde die Schwarzwurzel auch genannt, als der Spargel bei uns noch nicht so feldmäßig angebaut wurde und somit nicht für jedermann erschwinglich war. Heute gilt sie wegen ihres Geschmacks bei Kennern als Delikatesse und ist aufgrund ihrer guten Verdaulichkeit als Diätgemüse sehr geschätzt. Ursprünglich ist die Schwarzwurzel in Südeuropa beheimatet und dort noch wild wachsend zu finden. Mit ihren großen, gelben Blüten erinnert sie an unseren Wiesenbocksbart (*Tragopogon pratensis*). Seit dem 17. Jahrhundert wird sie bei uns als Gemüse gegessen, vorher galt sie als Arzneimittel bei Schlangenbissen und Pest. Von allen einjährigen Gemüsearten hat die Schwarzwurzel die längste Vegetationszeit; sie beansprucht ihren Platz im Garten von März bis in den Spätherbst hinein. Und mehr als die anderen Wurzelgemüse verlangt sie einen tiefgründi-

»Winterspargel« werden die nussig schmeckenden Schwarzwurzeln auch genannt.

Zwiebeln
(Allium cepa u. a. Arten)

Alle Formen dieser »würzigen« Pflanzenfamilie sind in Zentralasien beheimatet. Sie zählen zu den ältesten Kulturpflanzen der Menschheit überhaupt und dienen seit jeher als Heil-, Gewürz- und Gemüsepflanzen. Bei den Römern schon zählten Zwiebeln zu den Grundnahrungsmitteln, und sie waren es auch, die die »cepula« in Mitteleuropa verbreiteten. Mittlerweile gibt es unzählige Arten und Sorten, die sich in Form, Farbe und Geschmack unterscheiden. Für alle typisch ist jedoch ihr auffallender Geruch, für den schwefelhaltige ätherische Öle verantwortlich sind.

Die **Speisezwiebel** (*A. cepa* var. *cepa*) ist die wohl verbreitetste Zwiebelart. Mit ihrer feinen, milden Schärfe findet sie bei vielen Gerichten sowohl roh als auch gekocht Verwendung. Aber auch in der Naturheilkunde hat sie ihren Platz. So lassen rohe Zwiebelscheiben auf Insektenstiche gelegt diese besser abschwellen, Zwiebelsirup hilft bei Husten und Heiserkeit, und ein Zwiebelwickel leistet bei Ohrenschmerzen gute Dienste. Ja sogar das Weinen beim Zwiebelschneiden ist gesund, denn das Inhalieren der Senföle tut den Atemwegen gut. Egal ob Zwiebeln gesät, gepflanzt oder gesteckt werden, sie gedeihen am besten in warmer, sonniger Lage. Zur Ernte war es früher üblich, das Laub niederzutreten, dies hatte aber oft starke Ausfälle bei der Lagerung zur Folge. Besser ist

Eine originelle Erscheinung im Bauerngarten ist die Etagenzwiebel.

gen humosen Boden, um ihre dünnen bis zu 30 cm langen Wurzeln perfekt ausbilden zu können. Bei der Ernte – ab Oktober, wenn die Blätter abzusterben beginnen – muss mit großer Sorgfalt gearbeitet werden, da die Wurzeln außergewöhnlich brüchig sind. Wichtig ist auch, dass das Erntegut bald verarbeitet wird oder rasch in den Einschlag kommt, damit es nicht austrocknet und so seinen köstlichen Geschmack verliert.

In der Küche lässt sich die Schwarzwurzel recht vielseitig verwenden. Oft wird sie wie Spargel zubereitet. In jedem Fall muss sie dazu geschält werden. Dies kann sowohl im rohen als auch im gekochten Zustand geschehen. Wichtig zu wissen ist dabei, dass der austretende Milchsaft hartnäckige Flecken auf Haut und Kleidung hinterlässt – Haushaltshandschuhe sind also empfehlenswert.

es, mit der Ernte zu warten, bis das Laub von selber umfällt – ein Zeichen für die Abreife –, und die Zwiebel dann möglichst abgetrocknet einzulagern.

Feiner und milder im Geschmack als normale Zwiebeln sind die **Schalotten** (*A. ascalonicum*). Sie

Die Winterheckzwiebel bildet dichte Stöcke mit weißen, kegelförmigen Blütendolden.

sind rein äußerlich daran zu erkennen, dass jede Einzelpflanze einen
Busch von mehreren Bulben auf
einem gemeinsamen Zwiebelboden
bildet. Da sie sehr früh erntereif
sind, füllen sie die Lücke bis zur
Zwiebelernte.

Wie Riesenschnittlauch sehen
Winterheckzwiebeln *(A. fistulo-
sum)* aus. Die röhrenförmigen
Laubblätter erscheinen ganz
zeitig im Frühjahr und liefern das
erste junge Zwiebelgrün, das wie
Schnittlauch zum Würzen von
Suppen, Salaten etc. verwendet
werden kann. Es ist eine ausdauernde Zwiebelart, und zwei bis drei
Pflanzen im Garten genügen, um
ganzjährig mit frischem Zwiebelgrün versorgt zu sein.

Eine erwähnenswerte Kuriosität
unter den Zwiebelgewächsen ist
die **Etagenzwiebel** *(A. cepa* var.
viviparum). Sie bildet keine Blüten
aus, stattdessen aber zahlreiche
Brutzwiebelchen, die dort an der
Triebspitze auch gleich wieder aus-
treiben. Diese sind sehr scharf und
lassen sich laufend ernten, aber
auch lange lagern. Durch ihre sehr
originelle Erscheinung war die
Etagenzwiebel ein Liebling im
Bauerngarten, und gerne wurden
einige ihrer kleinen Brutzwiebeln
über den Zaun hinweg an die
Nachbarin weitergereicht, die diese
Besonderheit in ihrem Garten
weiterkultivierte.

Aus der **Perlzwiebel** *(A. ampeloprasum* var. *holmense)*, die in alten
Gartenbüchern häufig beschrieben wird, hat sich vermutlich der
Lauch *(A. ampeloprasum* var. *porrum)* entwickelt, der auch als Por-

Warum nicht Neuheiten ausprobieren? Romanesco und Co. machen neugierig
und wollen entdeckt werden.

ree bekannt ist. Infolge seiner viel-
seitigen Verwendungsmöglichkeiten ist er sehr beliebt und aufgrund
seiner Inhaltsstoffe äußerst gesund.
Auch für den Boden ist Lauch
außerordentlich wertvoll, da er ihn
wie keine andere Gemüseart im
besten Zustand hinterlässt. Nicht
zu Unrecht bezeichnet man ihn
als Bodengesundungspflanze.

Neue Gemüsearten

Neben den uralten Gemüsearten
werden in jedem Bauerngarten

natürlich auch die gängigen Gemüse wie Salat, Kohlrabi, Rettich,
Karotten, Porree, Sellerie, Zuchini,
Tomaten usw. angebaut. Und
warum sollte man in der heutigen
Zeit nicht auch neue Gemüsearten,
die zu uns kommen, im Garten
ausprobieren? Seien es Auberginen,
Artischocken, Romanesco, Zucker-
mais, Palmkohl und wie sie alle
heißen. Immer schon war der Bauerngarten aufgeschlossen für
Neues. Hatte dies seine Bewährungsprobe bestanden, durfte es
bleiben und wurde weitergereicht.

Traditionelle und fast vergessene Gemüsearten im Bauerngarten

(* = im Text beschrieben)

Deutscher Name	Botanischer Name	Aussaat[1]	Pflanzung[1]	Ernte[1]	Lagerung	Bemerkungen
Kohlgemüse:						
Blumenkohl	Brassica oleracea var. botrytis		4–7	6–10	frisch, gefroren	Blume durch Einknicken einiger Laubblätter vor Sonneneinstrahlung schützen, damit sie weiß bleibt
Grünkohl	Brassica oleracea var. sabellica		6	11	frisch, gefroren	mäßiger Frost lässt seinen Zuckergehalt ansteigen, wodurch er an Aroma gewinnt
Kohlrabi	Brassica oleracea var. gongylodes		4–7	6–10	frisch, gefroren	ganz jung geerntet schmeckt er am besten
Rosenkohl	Brassica oleracea var. gemmifera		5	11	Köpfe an den Strünken aufhängen oder in Erdmiete, Keller usw. frostfrei lagern	nicht so frosthart, wie man glaubt
Rotkohl	Brassica oleracea var. capitata f. rubra		4–5	6–10	frisch	nur späte Sorten eignen sich zur Lagerung
Stielmus	*Brassica rapa var. rapa	3–5		7–10	frisch	wächst schon bei 5 °C
Weißkohl	Brassica oleracea var. capitata f. alba		4–5	6–10	Köpfe an den Strünken aufhängen oder in Erdmiete, Keller usw. frostfrei lagern	nur späte Sorten eignen sich zur Lagerung; Milchsäurevergärung
Wirsing	Brassica oleracea var. sabauda		4–5	6–11	Köpfe an den Strünken aufhängen oder in Erdmieten, Keller usw. frostfrei lagern	nur späte Sorten eignen sich zur Lagerung
Salatgemüse:						
Endivie	Cichorium endivia		7	9–10	am Beet mit Vlies vor Frost schützen	bei zu früher Pflanzung Schossgefahr
Feldsalat	Valerianella locusta	8–9		10–3	am Beet mit Vlies vor Frost schützen	idealer Wintersalat

[1] in den Monaten

Deutscher Name	Botanischer Name	Aussaat[1]	Pflanzung[1]	Ernte[1]	Lagerung	Bemerkungen
Gartenkresse	*Lepidium sativum*	3–4		4–5	frisch	erstes frisches Gemüse im Frühjahr
Kopfsalat	*Lactuca sativa* var. *capitata*		4–8	5–10	frisch	satzweiser Anbau sichert fortlaufende Ernte
Portulak	*Portulaca oleracea*	5		6–7	frisch	wächst nach Schnitt nach
Spinatgemüse:						
Baumspinat	*Chenopodium giganteum*	3–4		5–6	frisch	wurde vom Spinat verdrängt
Gartenampfer	*Rumex patientia*	3–4		5–6	frisch	wurde vom Spinat verdrängt
Gartenmelde	*Atriplex hortensis*	3–4		5–6	frisch	wurde vom Spinat verdrängt
Gemüseamarant	*Amaranthus lividus*	3–4		5–6	frisch	wurde vom Spinat verdrängt
Guter Heinrich	*Chenopodium bonus-henricus*	3–4		5–6	frisch	wurde vom Spinat verdrängt
Mangold	*Beta vulgaris* var. *vulgaris*	4		7–9	am Beet mit Vlies vor Frost schützen	Blattmangold wie Spinat, Stielmangold wie Spargel verwenden
Spinat	*Spinacia oleracea*	3		5–6	frisch, gefroren	bei zu später Saat Schossgefahr
Wurzel- und Knollengemüse:						
Haferwurz	*Tragopogon porrifolius*	3–4		10–12	frisch	sehr winterhart
Kartoffel	*Solanum tuberosum*		4	8–9	dunkel u. frostfrei lagern	verleihen dem Boden einen hervorragenden Garezustand
Kerbelrübe	*Chaerophyllum bulbosum*	8–10		9–12	in Keller usw. in Sand lagern	auch als »Erdkastanie« bekannt
Kohlrübe	*Brassica napus* var. *napobrassica*	5–7		11	in Erdmiete, Keller usw. frostfrei lagern	wurde von der Kartoffel verdrängt
Meerrettich	*Armoracia rusticana*		4	10–11	in Erdmiete, Keller usw. frostfrei lagern	mehrjährig
Möhre	*Daucus carota*	3–4		6–10	in Erdmiete, Keller usw. in Sand lagern	nur späte Sorten eignen sich zur Lagerung
Pastinake	*Pastinaca sativa*	3–4		9–11	im Beet lassen	von Möhre u. Kartoffel verdrängt
Petersilie	*Petroselinum crispum* var. *tuberosum*	3–4		8–10	in Erdmiete, Keller usw. in Sand lagern	weite Fruchtfolge beachten
Rettich	*Raphanus sativus* var. *niger*	4–7		6–10	in Erdmiete, Keller usw. in Sand lagern	nur Winterrettich lagerfähig

[1] in den Monaten

Deutscher Name	Botanischer Name	Aussaat[1]	Pflanzung[1]	Ernte[1]	Lagerung	Bemerkungen
Rote Rübe	*Beta vulgaris* var. *conditiva*	4–6		7–11	in Erdmiete, Keller usw. in Sand lagern	nur späte Sorten lagerfähig
Schwarzwurzel	*Scorzonera hispanica	3		11	in Erdmiete, Keller usw. in Sand lagern	sehr lange Kulturdauer
Sellerie	*Apium graveolens* var. *rapaceum*		5	10–11	in Erdmiete, Keller usw. in Sand lagern	guter Ertragszuwachs
Speiserübe	*Brassica rapa var. rapa*	4–5		5–7	frisch, vergoren	Sammelbegriff für zahlreiche Unterarten, wie Mairübe, Teltower Rübchen, Rübstiel usw.
Topinambur	*Helianthus tuberosus*		3	10–11	in Sand lagern	von der Kartoffel verdrängt, Diabetikergemüse
Zuckerwurzel	*Sium sisarum*	3–4		10–12	frisch	sehr frosthart
Zwiebelgemüse:						
Porree	*Allium ampeloprasum* var. *porrum*	3–7		8–3	am Beet mit Vlies/Reisig vor Frost schützen	Anhäufeln bringt lange weiße Schäfte
Winterheckezwiebel	*Allium fistulosum*	3–5		3–10	frisch	»Riesenschnittlauch«
Zwiebel	*Allium cepa* var. *cepa*		4	7–9	trocken u. luftig	je größer die Steckzwiebel, desto mehr Schosser
Hülsenfrüchte:						
Bohne	*Phaseolus vulgaris*	5–7		8–9	frisch, gefroren	Ernteverfrühung durch Vorkultur
Erbse	*Pisum sativum*	4		5–7	frisch, gefroren	benötigt Rankgestell
Puffbohne	*Vicia faba	3		7	frisch, gefroren	verlor durch Kartoffel und Bohne an Bedeutung
Fruchtgemüse:						
Gurke	*Cucumis sativus*		5	7–9	frisch	Vliesbedeckung im Frühjahr schützt die kälteempfindlichen Pflanzen
Kürbis	*Cucurbita maxima		5	9–10	frostfrei einige Wochen lagerbar	nach 3–4 Fruchtansätzen Triebspitze kappen
Tomate	*Lycopersicon lycopersicum*		5	7–10	frisch	Geiztriebe regelmäßig ausbrechen

[1] in den Monaten

Obst – das Leckere

Ein eigenes Kapitel außerhalb der Bauerngärten füllt der Obstbau aus. Große Apfel-, Birn- und Kirschbäume fanden im Bauerngarten keinen Platz. Sie wurden extra angepflanzt und bildeten meist hinter den Gehöften liegend die grüne Umkränzung des Dorfes. Diese Obstwiesen waren oft gleichzeitig der Hennengarten, auch Schafe ließ man dort weiden, um das Gras kurz zu halten. Das Obst diente der Selbstversorgung: frisch als Kompott oder in gebranntem Zustand als sogenannter Obstler.

Im Bauerngarten selbst wuchs das Obst am Spalier. Das war platzsparend und dekorativ und kam wärmebedürftigen Arten wie Aprikose und Birnen besonders zugute.

Daneben fanden einzelne kleine Bäume ihren Platz. Die Mispel etwa oder die Quitte, die Kornelkirsche oder der Holunder. Später wurden auch einige Beerensträucher im Bauerngarten gezogen, da man feststellte, dass die kultivierten Sträucher mehr und größere Früchte brachten als ihre Wildformen.

Baumobst

Zu den Obstbäumen hatte man auf dem Land eine ganz besondere Beziehung. Im Gegensatz zum Garten, der das Reich der Bäuerin war, waren die Obstbäume der Stolz des Bauern. Er allein war zuständig für deren Pflege und Gedeihen.

Durch ihre Schalenpunkte ist die 'Sternrenette' unverkennbar.

Apfel

(*Malus domestica*, *Malus*-Hybriden)

Unsere heutigen Kulturformen des Apfels lassen sich vorwiegend auf zwei Wildformen (*M. pumila*, *M. sylvestris*) zurückführen, deren ursprüngliches Verbreitungsgebiet Kleinasien bzw. der Kaukasus ist. Schon im geschichtlichen Altertum hatte der Apfel eine große Bedeutung und galt als Symbol für Liebe und Fruchtbarkeit. Kein Wunder, dass man ihn für den Sündenfall verantwortlich machte. Mit den Römern, die schon früh Apfelzucht betrieben, kam er schließlich nach Germanien. Für seine Verbreitung sorgte Karl der Große. Im »Capitulare« sind zur Pflanzung bereits verschiedene Sorten Äpfel genannt, säuerliche, süße, für den baldigen Verzehr bestimmte und lagerfähige. Die Mönche wussten auch um die Kunst der Vermehrung, praktizierten das Pfropfen (Veredeln) und gaben dieses Wissen weiter. Auf

Die Apfelernte gehört in jedem Fall zu den Höhepunkten des Gartenjahres.

den Dörfern war es vor allem der Pfarrer, später auch der Lehrer, der diese Kunst beherrschte und dem gewöhnlichen Volk beibrachte. So gelangten bereits früh genussreiche Apfelsorten in die Gärten der Bauern, die diese Obstart mehr als alle anderen schätzten.

Auch in viele Bräuche und Sagen hat der Apfel Einzug gehalten. Beispielsweise gilt er als Nikolausgabe und war auch als Weihnachtsschmuck sehr begehrt. Die heute selten gewordene, karminrote, mit kleinen weißlich gelben Tüpfeln gezeichnete 'Sternrenette' war der Weihnachtsapfel schlechthin.

Auch seinen gesundheitlichen Wert wusste man schon immer zu schätzen. Kindern gab man geriebenen Apfel gegen Durchfall, Tee aus Apfelschalen galt als heilsam bei Gicht. Und als auf dem Lande das Brotbacken noch üblich war, verwertete man Teigreste, indem man Äpfel darin einhüllte und in die Nachhitze des Ofens schob – zur Freude der Kinder.

Heute gilt der Apfel weltweit als wichtigste Obstart. Unzählige alte und neue Sorten sind bekannt, im Handel findet man jedoch nur etwa acht davon. Grund genug, sich mit der Vielfalt zu beschäftigen und seinen Lieblingsapfel zu entdecken. Einen Platz im Garten oder auf der Wiese hat er in jedem Fall verdient.

Birne

(Pyrus communis)

Siehe im Kapitel »Hofbäume« Seite 110.

Holunder

(Sambucus nigra)

Einen richtigen Bauernhof kann man sich ohne Holunderstrauch nicht vorstellen. Als Charaktergehölz prägt er die ländliche Gegend. Ob er nun direkt im Bauerngarten steht oder in der Nähe desselben an eine Haus- oder Scheunenwand angelehnt, ist eigentlich egal.

Der heimische Strauch, der ohne jegliche Pflege blüht und gedeiht und sich in vielfältiger Weise nutzen lässt, war seit jeher besonders geschätzt und wurde schon früh in den Gärten kultiviert. Aus den wunderschönen weißen Tellerblüten lässt sich aromatischer Holunderblütensirup bereiten oder, – in Pfannkuchenteig getaucht und in Fett ausgebacken – die in Bayern beliebten Hollerkiachl.

Die Beeren des Holunders sollten nur gekocht genossen werden.

Die getrockneten Blüten geben einen schweißtreibenden Tee, und Marmelade und Sirup aus den »Fliederbeeren« gelten als äußerst gesund. Aus dem Holz mit seinem reichlichen Mark wurde allerlei Kinderspielzeug gebastelt. Sogar eine gewisse Heiligkeit schrieb man dem Holunder einst zu. So scheute man sich, einen Holunderstock umzuhauen oder Holunderholz zu verbrennen. Beides sollte Unglück nach sich ziehen. Da wird auch der alte Bauernspruch verständlich: »Vor dem Holunder tu' den Hut herunter.«

Auch vor dem Holunder hat die gärtnerische Züchtung nicht haltgemacht. So gibt es mittlerweile Sorten mit fast schwarzem Laub, mit geschlitzten Blättern, mit rosa Blüten oder auch mit größeren Beeren. Sie alle lieben nährstoffreichen, genügend feuchten Boden und einen sonnigen bis halbschattigen Standort.

Kornelkirsche

(Cornus mas)

Die Kornelkirsche ist botanisch mit der Kirsche nicht näher verwandt, einzig die Früchte ähneln sich ein wenig. Der wärmeliebende Strauch, der schon seit dem Mittelalter in den Gärten kultiviert wird, weist viele gute Eigenschaften auf. Die frühe Blüte zeigt nicht nur den ersehnten Frühlingsbeginn an, sie liefert auch, neben der Weide, die erste Nahrung für die Bienen. Der Strauch ist absolut schnittverträglich und wurde deshalb nicht nur

Die glänzend roten, kirschähnlichen Früchte der Kornelkirsche haben einen Nachteil: Das Fruchtfleisch löst sich schwer vom Stein.

frei wachsend, sondern sehr oft als geschnittene Hecke zur Einzäunung des Gartens verwendet. Zudem wächst er außerordentlich langsam und bildet sehr hartes Holz. Es war in Wagnereien und Drechslereien sehr begehrt zur Herstellung von Radspeichen, Holznägeln, Hammerstielen, Spazierstöcken und vielem mehr. Nicht zuletzt liefert die Kornelkirsche wohlschmeckende Früchte. Diese, auch Kornellen genannten, Steinfrüchte reifen nach und nach im August/September und werden am besten im vollreifen, d.h. dunkelroten Zustand geerntet. Roh gegessen schmecken sie aromatisch-säuerlich. Meist wurden sie jedoch auf unterschiedlichste Weise haltbar gemacht. Als Kompott, Marmelade oder wie Oliven einge-

legt bereicherten sie im Winter den Speiseplan. In Österreich gibt es bis heute den traditionellen »Dirndl-Brand«, eine hochprozentige Veredelung der »Dirndln«, wie die Kornelkirschen dort genannt werden. Inzwischen gibt es auch bei dieser Wildobstart Neuzüchtungen mit wesentlich mehr Fruchtfleisch. Die Sorten 'Jolico' und 'Schumener' aus Österreich sind die bekanntesten.

Mispel

(Mespilus germanica)

Heute nahezu völlig in Vergessenheit geraten ist die Mispel. Dieser baumartige Großstrauch stammt aus Vorderasien und wurde vermutlich von den Römern über die

Alpen gebracht. Im Mittelalter war er als geschätzter Obstlieferant selbstverständlicher Bestandteil der Klostergärten, wie man aus deren Aufzeichnungen weiß.

Zur Blütezeit im Mai/Juni ist die meist recht ausladende Krone über und über mit leuchtend weißen Blüten geschmückt. Die Kelchblätter dieser Blüten sitzen später an der Spitze der apfelförmigen Früchte und lassen diese weit aufgeklafft erscheinen. Die 3–5 cm großen, grün-bräunlichen Mispelfrüchte sind zuerst hart und herb, werden nach den ersten Frösten aber teigig und genießbar. Sie schmecken dann angenehm säuerlich und können roh verzehrt oder zu Gelee und Marmelade verarbeitet werden. Ihr hoher Pektingehalt lässt sie leicht gelieren. Auch Wein und Most wurden die Früchte beigefügt, um durch ihren Gerbstoffgehalt deren Haltbarkeit erhöhen. In der Volksmedizin schätzte man diese Inhaltsstoffe zur Behandlung von Darmentzündung.

Mispelfrüchte haben einen etwas eigenartigen Geschmack.

Obwohl die Mispel als Obstbaum heute keine Bedeutung mehr hat, sollte sie als alte Kulturpflanze wieder mehr Beachtung finden, ist sie doch mit ihren großen Blüten, den dunkelgrünen, filzigen Blättern und ihrem sparrigen Wuchs auch optisch nicht ohne Reiz.

Haferpflaume, Krieche

(Prunus domestica subsp. insititia)

Die Haferpflaume, Krieche oder »Griacherl«, wie sie auch genannt wird, ist eine Wildpflaumenart, deren Herkunftsgebiet in Südeuropa und dem Kaukasus liegt. Sie wird als Urform der heutigen rund zweitausend Pflaumenvarianten angesehen. Als uralte Kulturpflanze wurde sie schon früh kultiviert und war in Mitteleuropa weit verbreitet, geriet dann aber etwas in Vergessenheit.

Grund dafür war wohl, dass sich

Die Krieche ist Grundlage eines köstlichen Obstbrandes.

das Fruchtfleisch der gelbgrünen Früchte nur schlecht vom Stein lösen lässt, was die Verarbeitung erschwert, und auch der Geschmack der frischen Frucht etwas herb und somit nicht jedermanns Sache ist. Auf Bauernhöfen und auf Streuobstwiesen hat sich diese Pflaumenart aber bis heute erhalten. Dies ist wahrscheinlich den Kleinbrennern zu verdanken, die seit Generationen köstlichen Pflaumenbrand aus dieser alten Obstart herstellen. In manchen Gegenden Badens gilt er als regionale Spezialität, und die Brenner sind stolz auf ihr Kulturgut.

Als Pflanze ist die Krieche sehr genügsam bei der Wahl ihres Standortes, nur warm und sonnig sollte er sein. Die Blüte im April hüllt den Großstrauch mit den zuweilen etwas dornigen Zweigen in eine weiße Wolke, die weithin leuchtet, und zur Reifezeit biegen sich in den meisten Jahren die Äste unter der Last des Fruchtbehangs.

Quitte

(Cydonia oblonga)

Eine wahre Renaissance erlebt zurzeit die Quitte. Immer öfter hört und liest man Wissenswertes über diese uralte Kulturpflanze, deren Heimat ursprünglich Kleinasien ist. Wie so viele Pflanzen kam auch sie mit den Römern nach Germanien, und die Landgüterverordnung Karls des Großen trug zu ihrer weiteren Verbreitung bei. Als Heilmittel für allerlei Beschwerden waren die Früchte begehrt, und sie

Als »Apfel von Kydonia« wurde die Quitte einst auch bezeichnet.

wurden sogar als »Apotheke für arme Leute« bezeichnet.

Die sehr wärmeliebende Quitte ist von Natur aus ein sparrig wachsender Baum mit ausladender Krone. Im Gegensatz zu Apfel und Birne bildet sie einzeln stehende weiße bis leicht rosa Blüten aus, die mitunter einen Durchmesser von 8 cm erreichen, angenehm duften und von besonderer Schönheit sind. Die »quittengelben« oft stark gefurchten Früchte sind in der Regel von einem leicht pelzigen Flaum umhüllt und strömen einen aromatischen Geruch aus. Etwa Ende Oktober können die reifen Quitten geerntet werden. In ihrer barocken Schönheit galten sie als Symbol der Liebe, der Fruchtbarkeit und des Glücks. Gegessen wurden und werden die Quitten gekocht, gebraten, in Wein oder Honig eingelegt. Entsprechende Rezepte fehlten in keinem Kochbuch. Das je nach Sorte weiße oder gelblich rosa

Fruchtfleisch ist meist sehr hart und für den Rohgenuss eher ungeeignet, als Wein, Gelee, Mus oder Konfekt aber sehr bekömmlich. Heute wieder in Mode ist die Herstellung von Quittenbrot, einer alten Leckerei aus Quittensaft und Zucker. Aber auch viele andere Zubereitungsarten, die den Eigengeschmack der Quitte besser zur Geltung bringen, sind im Kommen. Grund genug, sich dieses edle Gewächs in den Garten zu holen und damit ein bisschen zu experimentieren. Sorten wie 'Konstantinopler Apfelquitte', 'Bereczki-Quitte', 'Cydora' oder 'Vranja' warten nur darauf, für den Bauerngarten entdeckt zu werden.

Beerenobst

Im Gegensatz zum Kern- und Steinobst, das schon früh große Bedeutung hatte, fanden Beerenobstarten erst spät – vermutlich im 18. Jahrhundert – als Gartenpflanzen Beachtung. Als Erstes wurden Johannis- und Stachelbeeren kultiviert. Himbeeren, Erdbeeren usw. folgten nach und nach. Heutzutage lassen frisch vom Strauch gepflückte Beeren Kindheitserinnerungen wach werden. Schon allein deshalb sollte auf eine Naschecke im Garten nicht verzichtet werden. Und nichts spricht dagegen, auch Neuheiten auszuprobieren, wie es im Bauerngarten schon immer üblich war. Jostabeeren, Tayberen, Japanische Weinbeeren oder die schlingenden Kiwis sind eine wahre Bereicherung für den Garten und erntefrisch einfach am besten.

Himbeere

(Rubus idaeus)

Zu den beliebtesten Beerenfrüchten gehören neben den Erdbeeren ohne Zweifel die Himbeeren. Schon früh selektierte man großfruchtige und reichtragende Wildpflanzen aus und baute sie im Garten an. Gärtnerische Züchtungsarbeit brachte schließlich Sorten hervor, die dreimal so groß waren wie ihre wilden Verwandten, aber auch anspruchsvoller in der Pflege. Um einen gesunden Bestand auf-

zubauen, kauft man garantiert virusfreie Jungpflanzen und zieht sie nicht aus alten Beständen selbst heran. Dies hat großen Einfluss auf den späteren Ertrag. Am erfolgversprechendsten ist eine Pflanzung im Oktober/November, möglich ist sie auch im zeitigen Frühjahr. Dazu hebt man einen 25 cm breiten und 15 cm tiefen Graben aus, setzt die jungen Pflanzen in Abständen von 40–50 cm mit ausgebreiteten Wurzeln hinein, bedeckt diese mit Erde und tritt und gießt gut an. Gleich nach dem Pflanzen werden

Verschiedene Stützmöglichkeiten für Himbeeren.

Als Naschobst schlechthin sollte die Himbeere in keinem Bauerngarten fehlen. Herbstsorten wie 'Autumn Bliss' oder 'Himbo Top' verlängern die Saison.

und wässert gut an. Die Ernte beginnt etwa Ende Juni. Man sollte wirklich erst pflücken, wenn die Beeren vollreif sind, nur dann nämlich entfalten sie ihr ganzes Aroma. Schwarze Johannisbeeren tragen die meisten Früchte am jungen Holz des Vorjahres. Daher muss man beim Rückschnitt im zeitigen Frühjahr darauf bedacht sein, einen Teil des älteren, dunkleren Holzes zu entfernen, um das Wachstum neuer Triebe anzuregen. Von den neuen Leittrieben sollten aber ebenfalls pro Strauch nicht mehr als acht bis zehn stehen bleiben, der Rest wird ebenerdig abgeschnitten.

die Ruten auf ⅔ ihrer Länge zurückgeschnitten. Um die Feuchtigkeit im Boden zu konservieren, hat sich eine Mulchdecke aus Kompost oder Stallmist gut bewährt, wobei gleichzeitig für die nötige Düngung gesorgt wird. Wenn im Sommer die Neuaustriebe erscheinen, sorgt man mit einem Drahtgerüst dafür, dass sich die langen, biegsamen Ruten abstützen können. Nach der Ernte schneidet man die abgeernteten Ruten in Bodenhöhe ab, sodass nur noch die einjährigen Ruten stehen bleiben. Von diesen lässt man die kräftigsten acht bis zehn Triebe pro Meter stehen, die restlichen werden ebenfalls entfernt. So erhält man Jahr für Jahr reichtragende Ruten, die durch die Abstützung auch leicht zu beernten sind.

Schwarze Johannisbeere
(Ribes nigrum)

Schwarze Johannisbeeren stehen schon lange in den Bauerngärten, durch ihren hohen Vitamingehalt sind sie nämlich sehr gesund. Am besten wachsen sie an einem sonnigen Standort, nehmen aber auch mit Halbschatten vorlieb. Vor dem Einpflanzen im Oktober/ November sollte der Boden mit einer größeren Menge gut verrottetem Stallmist oder Gartenkompost angereichert werden, denn dies erleichtert das Einwachsen und sorgt für die nötige Nährstoffzufuhr. Hat man sie in einem Abstand von etwa drei Metern in den Boden gesetzt, schneidet man die Triebe bis auf 20–30 cm zurück

Sie sind das wertvollste Beerenobst überhaupt – Schwarze Johannisbeeren.

Traditionelle Obstarten im Bauerngarten (* = im Text beschrieben)

Baumobst:

Deutscher Name	Botanischer Name	Früchte	Reifezeit[1]	Verwendung	Bemerkung
Apfel	*Malus domestica*	rot-grüne Apfelfrüchte	8–10	frisch, getrocknet	unzählige Sorten
Eberesche	Sorbus aucuparia	orangefarbene Apfelfrüchte in Dolden	9–10	Schnapsbrennen	»Vogelbeerschnaps«
Felsenbirne	Amelanchier lamarckii	rot-schwarze Apfelfrüchte	7–8	früher getrocknet als Korinthenersatz	Herbstfärbung
Heckenrose	Rosa canina u. a.	rote Scheinfrüchte	8–9	»Hiffenmark«, Tee	sehr Vitamin-C-reich
Holunder	*Sambucus nigra*	schwarze Steinfrüchte	8–9	Blüten als Tee, Beeren als Saft	Heilpflanze
Krieche	*Prunus domestica* subsp. *insititia*	gelb-rote Steinfrüchte	8–9	Schnapsbrennen	»Kriacherl«
Kornelkirsche	*Cornus mas*	rote Steinfrüchte	9	Marmelade, Gelee	Bienenweide
Mispel	*Mespilus germanica*	braune Apfelfrüchte	10–11	Marmelade, Wein	Früchte erst nach Frost genießbar
Quitte	*Cydonia oblonga*	gelbe Apfelfrüchte	10–11	Marmelade, Gelee	Früchte nur gekocht genießbar
Speierling	Sorbus domestica	rot-braune Apfelfrüchte in Dolden	10–11	Mostbereitung	Früchte erst nach Frost genießbar
Weinrebe	Vitis vinifera	grün-blaue Beeren in Trauben	9–10	Weinbereitung	am Spalier in warmen Lagen

Beerenobst:

Deutscher Name	Botanischer Name	Reifezeit[1]	Sortenempfehlung	Bemerkung
Brombeere	Rubus fruticosus	7–9	'Theodor Reimers', 'Loch Ness'	Gerüsterziehung, dornenlose Sorten
Erdbeere	Fragaria × ananassa	5–6	'Senga Sengana', 'Tenira'	Verfrühung durch Vliesbedeckung möglich
Himbeere	*Rubus idaeus*	6–7	»blattlausresistente« Sorten: 'Rutrago', 'Rubaca' Herbstsorte: 'Autumn Bliss', 'Himbotop'	virusfreies Pflanzmaterial bevorzugen, Gerüsterziehung
Jostabeere	–	7	Kreuzung Schwarze Johannisbeere × Stachelbeere	hervorragendes Aroma, interessante Neuigkeit
Rote Johannisbeere	Ribes rubrum	6–7	'Heros', 'Red Lake', 'Rovada'	vielseitig verwendbar
Schwarze Johannisbeere	*Ribes nigrum*	6–7	'Titania'	sehr Vitamin-C-reich
Stachelbeere	Ribes uva-crispa	6–7	mehltauresistente Sorten: 'Rixanta', 'Rolonda', 'Invicta'	Bienenweide
Tayberry	–	7–8	Kreuzung Himbeere × Brombeere	Neuigkeit mit köstlichem Aroma

[1] in den Monaten

Rosen – die Edlen und Schönen

Zu den bekanntesten Heilpflanzen des Bauerngartens gehört ohne Zweifel die Rose. Im »Capitulare« Karls des Großen steht sie bereits an zweiter Stelle nach der hochgeschätzten Weißen Lilie. Wie diese war sie als Heilpflanze in dieses Pflanzenverzeichnis aufgenommen worden. Vielfältig war auch ihr Anwendungsgebiet. So liest man unter anderem von Rosenwasser, das zur Stärkung des Herzens verabreicht wurde, von Rosenhonig, der gegen Fieber half, und von Rosenessig, der Ohnmächtige wieder zu Bewusstsein bringen sollte. Die Früchte ergaben getrocknet einen gesunden Tee und zu Marmelade verarbeitet das bekannte »Hiffenmark«. Die Geschichte der Rose ist wohl bald so alt wie die Zivilisation. Dem Mythos nach galt Aphrodite, die Göttin der Liebe, als Schöpferin der Rose. Ihre Tränen und das Blut ihres verwundeten Liebhabers Adonis sollen der Ursprung der Rose gewesen sein. So galt sie seit der Antike als Symbol der Liebe und der Schönheit. Das Christentum verband schließlich die Rose fest mit dem katholischen Glauben, sah es doch in den fünf Blütenblättern der Rose die fünf Wundmale Christi. So trug also auch der Glaube zur Verbreitung der »Königin der Blumen« bei. Über die Burg- und Klostergärten erreichte die Rose auch die Bauerngärten.

Eine der ersten war wohl die **Hundsrose** *(Rose canina)*, gefolgt von der **Weißen Rose** *(Rosa × alba)* der **Damaszener Rose** *(Rosa × damascena)*, der **Essigrose** *(Rosa gallica)* und nicht zuletzt der **Zentifolie** *(Rosa centifolia)*, der Bauerngartenrose schlechthin. Mit ihren Blütenformen und ihrem berauschenden Duft begeisterten sie jede Bäuerin. Meist hatten diese wunderbaren Strauchrosen eine Einzelstellung im Bauerngarten, in der Mitte des Kreuzganges zum Beispiel, oder auch am Zaun, wo sie ihre überhängenden Triebe anlehnen konnten und in ihrer ganzen Fülle Platz hatten. Erst mit dem Erscheinen zahlreicher neuer Rosenzüchtungen im 19. Jahrhundert kamen allmählich die Rosenbäumchen auf, die als Mittelpunkt oder zur Flankierung der Wege gepflanzt wurden. Ebenso die Kletterrosen, die man zum Beranken der beliebten Rosenbögen verwendete.

Wer heute Bauerngartenrosen mit typisch altmodischem Charakter kaufen will, muss die Erfahrung machen, dass dies ein schwieriges Unterfangen ist. Die Auswahl an Rosen ist zwar unüberschaubar groß, doch die alten gefüllten Sorten mit ihrem unvergleichbaren Duft sind kaum noch im Handel. Am besten ist es, sich gezielt an Rosenbaumschulen zu wenden, die einen gerne bei der Suche nach der richtigen Sorte unterstützen. Fün-

'La Reine Victoria' ist eine berühmte alte Bourbonrose, die öfter blüht.

dig wird man eventuell auch bei den Englischen Rosen. Diese Neuzüchtungen des englischen Rosenzüchters David Austin sind aus Kreuzungen historischer Rosen mit modernen Gartenrosen entstanden und weisen typische Eigenschaften der alten Bauerngartenrosen auf. Gefüllte Blüten mit lebhaften Drehungen und Wirbeln, kugelförmig geschlossene oder weit geöffnete Blütenformen mit oft ausgeprägten Duftnoten sind hier zu finden. Im Gegensatz zu den alten Rosen blühen diese Neuerungen oft mehrfach und weisen auch eine reichere Farbpalette auf. Außerdem sind sie recht regenunempfindlich und krankheitsresistent. Eine absolute Bereicherung für den Bauerngarten also. Sind sie einmal gepflanzt, leben sie viele Jahre lang und gedeihen auch ohne viel Pflege, wie es sich eben für Bauerngartenpflanzen gehört. Im Gegensatz zu Beetrosen werden nämlich Strauchrosen kaum geschnitten, denn sie sollen ja ihren arttypischen Habitus bewahren. Lediglich abgestorbenes Holz wird entfernt, und alle paar Jahre werden überalterte Triebe an der Basis herausgeschnitten.

Bestimmte Sorten zu empfehlen, würde an dieser Stelle zu weit führen, doch kann man sagen, dass bei der Wahl stets auf runde Knospenform, gefüllte Blüte und intensiven Duft zu achten ist. Außerdem sollte eine Bauerngartenrose einen gefälligen, nicht zu sparrigen Wuchs aufweisen und von guter Gesundheit sein. Ob es sich um eine historische oder eine englische Sorte handelt, dürfte dann sicherlich zweitrangig sein.

Rosa gallica 'Versicolor' begeistert durch ihre fröhliche Farbwirkung.

Essigrose

(Rosa gallica 'Versicolor', 'Rosa Mundi')*

Seit ihrem Entstehen irgendwann im Mittelalter bezaubert diese erste gestreifte Rose die Menschen mit dem wunderbaren Farbenspiel ihrer großen, seidigen Blütenblätter. Ihren Beinamen »Rosa Mundi« erhielt sie als liebevolle Erinnerung an Fayre Rosamunde, die Geliebte des englischen Königs Heinrich II. Viel später erregte sie die Bewunderung großer Blumenmaler. Auf berühmten Gemälden kann man sie zwischen damals so hoch geschätzten Blumen wie Tulpen und Lilien bunt hervorleuchten sehen. Sie war auch einer der Glanzpunkte im berühmten Rosengarten der Kaiserin Josephine von Frankreich, wo der Blumenmaler Redouté eine wunderschöne Farbtafel von ihr anfertigte.

Bis heute sind ihre leuchtenden und seidig glänzenden Farbnuancen unerreicht geblieben, und sie verdient es, im Garten an hervorgehobener Stelle gepflanzt zu werden. Mit ihrem Kranz goldgelber Staubgefäße bietet sie auch vielen Insekten reichlich Nahrung, und man wird kaum müde, an sonnigen Tagen dem lebhaften Geschwirre um die bunten Blüten zuzuschauen.

Weiße Rose

(Rosa × alba 'Maxima')*

Einen prachtvollen, noblen Strauch bildet diese altbekannte Rose. Ihre gefüllten und süß duftenden Blüten erscheinen zeitig im Juni und bedecken über mehrere Wochen hinweg das graugrüne Laubwerk mit ihrer leuchtend weißen Fülle. Vermutlich war diese Rose schon im alten Rom bekannt, ihr Erscheinen bei uns ist im 16. Jahrhundert belegt.

In ländlichen Gärten war sie in den vergangenen Jahrhunderten häufiger zu finden, und sie ist die eigentliche »Bauernrose«, die den alten Gärten ihren romantischen Zauber gab. Damals wurden ihre weißen Blüten oft verwendet, um bei festlichen Gelegenheiten junge Mädchen zu bekränzen. Ihren heute gültigen Namen erhielt sie zu Ehren des Königs Maximilian II. von Bayern.

Sie ist wirklich eine eindrucksvolle Erscheinung. Im Hintergrund des Gartens gepflanzt oder an eine hohe Mauer gelehnt, kann sich der kräftig wachsende Strauch gut entfalten und zur Zeit seiner Blüte einen hell leuchtenden Glanzpunkt bilden. Während des übrigen Sommers ist

Mit der oft sommerlangen Blütezeit schafft *Rosa × alba* 'Maxima' einen attraktiven Blickfang.

sein graugrünes Laubwerk ein schöner Hintergrund für verschiedene Stauden. Da diese Rose äußerst robust, gesund und winterhart ist, kann man mit ihr nur Freude haben.

Zentifolie
(Rosa × centifolia)

Die »Hundertblättrige Rose« galt als die Königin der Rosen und war anscheinend über alles geschätzt. Mit ihren schweren, nickenden Blüten von warmem, dunklem Rosa und ihrem intensiven Duft entspricht sie genau dem Bild, das man von einer Bauerngartenrose hat. Selbst wer nichts von Rosen versteht, kennt sie – oft auch unter dem Namen »Kohl-Rose«, da die

Nostalgischen Charme bringt *Rosa × centifolia* 'Muscosa' in den Bauerngarten.

dicht gefüllten Blüten an runde Kohlköpfe erinnern. Ihr Duft gilt als der reinste Rosenduft, und so wird sie zur Duftölgewinnung immer noch angebaut. Nach dieser Rose sind auch die Zentifolien

benannt – eine Rosengruppe, die zu den alten Strauchrosen gehört und durch Sportbildung zahlreiche Sorten aufweist, wie zum Beispiel 'Fatin Latour', 'Ipsilante' oder 'Paul Ricault'.

Traditionelle Rosen im Bauerngarten (* = im Text beschrieben)

Deutscher Name	Botanischer Name Sorten	Blütezeit (Monate)	Höhe (m)	Blütenfarbe/ Füllung	Bemerkung
Bourbonrose	Rosa × borbonica 'Louise Odier' 'Reine Victoria'	5–7	2	weiß, rosa, rot, gefüllt	edel, duftend, z.T. als Kletterrose verwendbar
Damaszener-Rose	Rosa × damascena 'Trigintipetala' 'Rose de Resht'	7	2	weiß, rosa, purpur gefüllt	stark duftend
Essigrose	*Rosa gallica 'Versicolor' 'Officinalis'	5–7	1,5	rosa, karmin gefüllt	robust, z.T. schattenverträglich
Hundsrose	Rosa canina	5	2–3	weiß-rosa einfach	robuste Wildrose, Hagebutten
Weinrose	Rosa rubiginosa	5	2–3	rosa einfach	reicher Fruchtschmuck, robust
Weiße Rose	*Rosa × alba 'Maxima' 'Suaveolens'	6–7	2	weiß gefüllt	robust, duftend
Zentifolie	*Rosa × centifolia 'Fatin Latour' 'Muscosa'	7	2	weiß, rosa, dunkelrot gefüllt	robust, duftend, sehr üppig

Ziergehölze und Kletterpflanzen – die Besonderen

Unter den Nadelgehölzen und Blütensträuchern gibt es nicht viele, die als alteingesessene Bauerngartenpflanzen gelten, zu sehr dominierten immer schon die Stauden. Außerdem war gar kein Platz für ausladende Gehölze, die dem Gemüse und den Blumen Sonne und Nährstoffe weggenommen hätten. So beschränkte man sie auf relativ wenige und pflanzte sie als Hecke, am Eingangstor, in eine Gartenecke oder, falls der Garten direkt an ein Gebäude angrenzte, an dessen Mauer.

Buchs

(Buxus sempervirens)

Denkt man an Bauerngarten, denkt man an Buchs. Er gehört wirklich zu den bedeutsamsten Gehölzen im Bauerngarten und wurde nicht nur als Heckenpflanze verwendet, sondern auch als Einzelpflanze in der Mitte, in einer Ecke oder am Eingang des Gartens.

Schließlich benötigte man seine immergrünen Zweige für zahlreiche Bräuche im bäuerlichen Festkreis, wie zum Beispiel dem Binden der »Palmbüscherl« am Palmsonntag, und auch in der Volksheilkunde fand er Verwendung. Dies führte allerdings aufgrund seiner Giftigkeit oft zu unangenehmen Nebenwirkungen, wenn die zuträgliche Dosis überschritten wurde. Wild wächst der Buchs als Strauch in Süd- und Mitteleuropa sowie in Kleinasien. Er bevorzugt warme, trockene Standorte, gedeiht aber auch in feuchten Böden und im tiefen Schatten. In die Bauerngärten hielt der Buchs vermutlich in der Zeit der Renaissance Einzug. Schlossgärten mit Parterres waren in Mode, wohlhabende Bürger ahmten das Spiel mit den eingefassten Beeten nach, und irgendwann wurden die geschnittenen, niedrigen Buchsbaumhecken zum traditionellen Element der Bauerngärten.

Bei diesen Buchsbaumhecken ist es wichtig, auf die richtige Sorte zu achten. Als idealer **Einfassungsbuchs** ist *Buxus sempervirens* 'Suffruticosa' zu empfehlen. Er wächst buschig und gedrungen und ist auch ohne Schnitt unglaublich dicht belaubt. Dennoch ist ein strenger Formschnitt unerlässlich, weil nur durch regelmäßiges Schneiden die Oberfläche dicht und geschlossen wird und der Strauch von unten her nicht verkahlt. Der Zeitpunkt des Schnittes ist dabei sorgsam zu wählen. Ideal ist Anfang Juli. So kann der folgende Neuaustrieb bis zum Winter noch ausreifen, und die Hecke bleibt gut in Form.

Frei wachsend oder zur Kugel geschnitten wird vor allem *Buxus*

Architektur und Farbe, Sinnbild und Skulptur – all diese Funktionen übernimmt der Buchs im Bauerngarten.

sempervirens var. *arborescens* verwendet. Diese Buchsbaumform ist starkwüchsig und wird ungeschnitten gute vier bis sechs Meter hoch. Wie man sieht, gibt es nicht nur einen Buchs. Manche Baumschulen führen ein Sortiment mit über zwanzig Sorten, da will die Auswahl sorgfältig getroffen werden. Wenig bekannt ist, dass das Holz des Buchsbaumes Verwendung fand. Weberschiffchen, kleine Dosen und Väschen wurden daraus gefertigt. Aufgrund des langsamen Wachstums ist das Holz sehr fest und schwer. Kaum zu glauben: Buchsholz sinkt im Wasser. Wegen seiner außergewöhnlichen Eigenschaften ist Buchsbaumholz auch heute noch sehr begehrt und somit knapp und teuer.

Efeubeeren findet man nur an betagten Pflanzen. Doch Vorsicht, sie sind giftig!

Efeu

(Hedera helix)

Der Efeu ist in fast ganz Europa beheimatet. Im Unterwuchs von Laubmischwäldern wächst er kriechend oder an Bäumen hochkletternd. Die Griechen bauten ihn bereits in der Antike in ihren Gärten an, trugen sie doch bei festlichen Anlässen Efeukränze auf ihrem Haupt. In Deutschland ist die gärtnerische Verwendung erst ab Mitte des 16. Jahrhunderts belegt.

Als wichtige Heilpflanze wurde Efeu bei Krankheiten der Milz, bei Rheuma und Gicht sowie bei Erkrankungen der Atemwege verwendet. Aktuelle Forschungen haben nun den Wirkmechanismus entschlüsselt, und so finden heute Zubereitungen aus Efeublättern wegen ihrer entkrampfenden und schleimlösenden Eigenschaften verstärkt Verwendung in Mitteln gegen Bronchitis. Als immergrüne Pflanze gilt er auch als Sinnbild der Treue und des ewigen Lebens und wurde schon immer zur Grabbepflanzung verwendet. Nichtsdestotrotz war man lange Zeit von seiner empfängnisverhütenden, ja sogar abtreibenden Wirkung überzeugt. Aufgrund seines Saponingehalts sind alle Pflanzenteile giftig, was eine Erklärung dafür liefern würde. Efeu weist eine sehr bemerkenswerte Eigenschaft auf, die den meisten Menschen, selbst denen, die ihn im Garten haben, gar nicht bewusst ist: Die sogenannte Heterophyllie, was nichts anderes bedeutet, als dass die Form der Blätter im Jugendstadium anders ist als im Alter. Junge Triebe tragen drei- bis fünflappige Blätter und bilden Haftwurzeln aus, alte Sprosse dagegen weisen rautenförmige Blätter auf, sind stets wurzellos und bringen Blütendolden hervor, an denen im Winter die schmückenden, schwarzen Beeren sitzen.

Eibe

(Taxus baccata)

Die Eibe ist wohl der langlebigste Baum unserer Breiten und seit dem Altertum eng mit den Menschen verbunden. Im Volksglauben nahm sie als einziges giftiges Nadelgehölz eine besondere Stellung ein. Sie galt als zauberabwehrender Baum:

Eiben sind zweihäusig, d. h., nur auf weiblichen Pflanzen sind die attraktiven Früchte zu finden.

Spiralen etc. in norddeutschen Bauerngärten zeugen noch heute von dieser Kunst. Ihre hohe Schnittverträglichkeit macht die Eibe auch besonders geeignet zur Anlage von Hecken. Diese umrahmten in den windigen Gebieten des Nordens oft ganze Gehöfte und gaben ihnen somit sowohl Schutz als auch Form. Einen gravierenden Nachteil hatte sie jedoch als Gehölz auf einem Bauernhof: Ihr Alkaloid Taxin ist auch giftig für Pferde und Esel. Sie gingen an gefressenen Zweigen meist zugrunde.

Heute gibt es unzählige Formen der Eibe. Aufrechte und baumförmige ebenso wie Säulen- oder Strauchformen. Für den Bauerngarten interessant ist sie eigentlich nur in der geschnittenen Form: als Hecke oder Kugel etc.

»Unter den Eiben kann kein Zauber bleiben«, bekundet ein altes Sprichwort. Für die Kelten war die Eibe heilig, und in späterer christlicher Zeit galt der immergrüne Baum als Symbol des ewigen Lebens. Deshalb verwundert es sehr, wenn in alten Schriften davon berichtet wird, dass Abkochungen von Eibenblättern als Abtreibungsmittel getrunken wurden. Nicht verwundert jedoch die Mitteilung, dass diese Behandlungen oft mit dem Tod der Frau endeten. Schließlich weiß man heute, dass das Taxin, das in den Blättern, aber auch in allen übrigen Pflanzenteilen vorkommt, ein äußerst giftiges Stoffgemisch ist.

Der rote Samenmantel (Arillus), der becherartig den Samen umgibt, ist der einzige ungiftige Teil der Pflanze. Er schmeckt süß und wurde früher sogar zu Marmelade verkocht.

Das Holz der Eibe ist äußerst zäh und schwer und lieferte Material für zahlreiche Haushaltsgegenstände, Schnitzwerke, Intarsien, aber auch für Waffen wie Bögen und Armbrüste. Da es lange der Fäulnis widersteht, fertigte man daraus zudem Türschwellen, Zaunpfähle und Ähnliches.

In den Garten gelangte die Eibe in der Zeit des Barock. Da sie jeglichen Schnitt verträgt und sich in jede Form zwängen lässt, war sie in der barocken Gartenkunst unentbehrlich. Alte Figuren, Kugeln,

Hasel

(Corylus avellana)

Eine wichtige Rolle am Bauernhof spielte schon immer der Haselstrauch. Wegen seiner Größe – er kann bis zu acht Meter hoch werden – und seiner Vielstämmigkeit hatte er meist keinen Platz im Garten, sondern stand außerhalb, am Zaun oder an eine Scheune gelehnt.

Die Hasel ist eine heimische Pflanze unserer Laubwälder, war bei den Germanen dem Donnergott geweiht und galt als blitzsicher. Dies ist wohl der Grund dafür, dass sie oft in Hausnähe angepflanzt wurde. Fast alle Kulturvölker des Abendlandes haben der Haselnuss besondere Kräfte zugeschrieben. Sie galt als Sinnbild der Unsterblichkeit und – wahrscheinlich wegen ihrer frühen Blüte – des neu erwachenden Lebens im Frühling. Auch mit der Fruchtbarkeit wurde die Hasel in Verbindung gebracht. Der Spruch »in die Haseln gehen« bedeutet so viel wie zu seiner Liebsten gehen. Viele Nüsse im Herbst sollten so denn auch auf viele Kinder im kommenden Jahr hindeuten.

Viele Fähigkeiten wurden der Haselrute nachgesagt: Blitzabwehr, Hexenabwehr, Schlangenschutz und Ähnliches mehr. Bis heute gehalten hat sich auch ihre Verwendung als Wünschelrute zum Aufspüren verborgener Wasseradern.

Die Nüsse selbst enthalten viel Öl, Eiweiß und Kohlenhydrate und sind deshalb sehr nahrhaft. Leider besitzen sie, ebenso wie die Blütenpollen des früh blühenden Strauches, ein enormes allergenes Potenzial. Kulturformen wie die Lambertsnüsse oder die Zeller-

Im August/September liegt die Blütezeit des Echten Geißblattes. Dann verzaubert es die lauen Nächte mit seinem Duft.

nüsse bringen weit größere Früchte hervor und werden deshalb heutzutage bevorzugt angepflanzt.

Eine erwähnenswerte Heilwirkung wurde der Hasel nicht zugesprochen, doch war sie wohl ein beliebtes Zubrot zur täglichen Nahrung. Ihre Ruten fanden als Zaunlatten, Bohnenstangen und auch für Korbmacherarbeiten Verwendung. Zu diesem Zweck nutzte man das gute Ausschlagvermögen der Pflanze, d. h., man setzte sie auf den Stock und erntete im Folgejahr die biegsamen einjährigen Ruten.

Leider ist diese Nutzung fast in Vergessenheit geraten, doch gerade im Bauerngarten könnte man sie wieder aufleben lassen, sind doch natürliche Materialien hier gefragter denn je.

Eine ausgefranste Fruchthülle umgibt die äußerst nahrhafte Haselnuss.

Jelängerjelieber

(Lonicera caprifolium)

Jelängerjelieber – was für ein schöner Name für eine Pflanze, die eigentlich Geißblatt heißt. Sie macht ihrem Namen alle Ehre, schlingt sie sich doch mit ihren langen, dünnen Trieben an anderen Pflanzen hoch, um dann, oben angelangt, ihre Blütenpracht zu entfalten.

Die gelblich weißen Blüten des Geißblatts öffnen sich erst am Abend und verströmen einen betörend starken Duft, weshalb die Pflanze früher sehr beliebt zur Bepflanzung von »Liebeslauben« war. Auch an Mauern, Zäunen oder Bögen zeigt die ursprünglich in den Wäldern Südeuropas vorkommende Schlingpflanze ihre Kletterkünste.

Wie so viele Pflanzen fand sie ihren Weg in den Bauerngarten durch ihre Heilwirkung. Als harn- und schweißtreibendes Mittel war sie in der Volksheilkunde bekannt.

Auch einen Husten stillenden Sirup bereitete man aus den roten Beeren. Davon ist heutzutage allerdings abzuraten, da man weiß, dass ihr hoher Saponingehalt auch zu unangenehmen Vergiftungserscheinungen wie Erbrechen und Durchfall führen kann. Im Garten bevorzugt das Jelängerjelieber kalkhaltigen Boden, ist aber ansonsten sehr anspruchslos, sodass man auch ohne grünen Daumen viel Freude an diesem Kletterkünstler haben wird.

Traditionelle Ziergehölze und Kletterpflanzen im Bauerngarten

(* = im Text beschrieben)

Deutscher Name	Botanischer Name	Blütezeit (Monate)	Höhe (m)	Blüten-/ Fruchtfarbe	Bemerkung
Buchs	*Buxus sempervirens	–	6	–	immergrünes Laubgehölz, meist geschnitten
Efeu	*Hedera helix	9–10	–30	weiß, schwarze Beeren	immergrüne Rankpflanze, Fruchtschmuck
Eibe	*Taxus baccata	–	–20	rote Beeren	Nadelgehölz, meist geschnitten, giftig
Flieder	Syringa vulgaris	5	7	weiß, lila	Duft
Goldregen	Laburnum anagyroides	5	7	gelb	giftig
Jelänger-jelieber	*Lonicera caprifolium	2–5	4	gelb, rote Beeren	Rankpflanze, Duft, giftig
Jungfernrebe	Parthenocissus quinquefolia	–	–15	blaue Beeren	Rankpflanze, Herbstfärbung
Haselstrauch	*Corylus avellana	2–3	5	gelb, Nüsse	Bienenweide
Pfaffenhütchen	Euonymus europaeus	5	5	gelb, orange Früchte	Herbstfärbung, giftig
Pfeifenstrauch	Philadelphus coronarius	5–6	5	weiß	Duft
Sadebaum	Juniperus sabina	–	3	–	Nadelgehölz, giftig
Schneeball, Gefüllter	Viburnum opulus 'Roseum'	5–6	4	weiß	sehr schön zu Flieder
Seidelbast	Daphne mezereum	3–4	1	rosa, rote Beeren	Duft, giftig
Wacholder	Juniperus communis	–	3	schwarze Scheinbeere	Nadelgehölz
Waldrebe	Clematis-Arten/-Sorten	5–9	3–10	weiß, rosa, lila	Rankpflanze

Hofbäume – die Beeindruckenden

»Ein Haus bauen, einen Sohn zeugen, einen Baum pflanzen«. Dies sind die drei Lebensaufgaben, die ein Mann von alters her zu erfüllen hat. Zugegeben, besonders zeitgemäß ist dieser »Aufgabenkatalog« nicht, aber dennoch sehr interessant. Man erkennt daran, welch hohen Stellenwert das Pflanzen eines Baumes bei unseren Vorfahren hatte.

Zu jedem Hof gehörte ein Baum. Meist waren es große, markante Gestalten wie Walnuss, Linde, Eiche oder Buche. Nach altem Brauch wurde der **Hausbaum** oft zur Hochzeit gepflanzt, aber auch zur Geburt oder Taufe eines Kindes, insbesondere des Stammhalters, des Hofnachfolgers. Man glaubte, dass das Schicksal des Menschen auf besondere Weise mit dem Baum verbunden sei. Deshalb wurde die Auswahl sehr sorgfältig getroffen, und der Hofbaum wurde geachtet und geehrt und gleichsam als »Schutzpatron« für Haus und Hof angesehen. Er stand auch immer im Hof, in der Nähe des Hauses oder an der Einfahrt, keinesfalls im Bauerngarten. Dort hätte er allen anderen Pflanzen, Nahrung und Licht weggenommen.

Nicht nur mit ihrem Habitus prägten diese Bäume den Charakter des Hofes. Alte Hofbäume haben viel erlebt, an ihnen lässt sich die Geschichte des Hofes aufspannen. Gepflanzt zu einem bestimmten

Anlass, begleiteten sie oft Generationen durch Höhen und Tiefen, überstanden Maikäferfraß ebenso wie Besitzerwechsel. In ihrem Schatten spielten die Kinder und rastete der »Austragler«. Als lebendige Zeitzeugen überdauerten sie oft Jahrhunderte und wurden mit der Zeit zu Wahrzeichen. Der Begriff »Generationenverantwortung« wird hier direkt fassbar. Muss so ein »**Baumdenkmal**« aus

Alterssschwäche oder auch anderen Gründen tatsächlich einmal gefällt werden, ist es eigentlich selbstverständlich, für einen würdigen Nachfolger zu sorgen. Denn auch heute gibt es viele gute Gründe für einen Hausbaum. Er schafft eine Verbindung vom Haus zum Hof, zum Garten. Im Sommer spendet er Schatten. Mit ihm erlebt man den Wechsel der Jahreszeiten, er vermittelt Geborgenheit, und er gibt dem Hof bzw. Haus seine eigene, persönliche Note. Da er ein Begleiter fürs Leben werden soll, sind bei der Auswahl einige Krite-

Dorffeste fanden unter der Linde statt und »Tanzlinden« zeugen vom fröhlichen Treiben hoch oben im Geäst.

rien zu berücksichtigen, um auch ja die richtige Wahl zu treffen. Zum einen sollte man sich vor Ort genauestens umsehen und einen für die Umgebung typischen Baum wählen. Je nach Gegend sind dies oft Eiche (vor allem in Norddeutschland) Linde und Walnuss sowie (vor allem in Süddeutschland) Kastanie, aber auch Ahorn, Esche oder Marone (in Weinbaugegenden). Zum anderen sollte

Ein Birnbaum ist hier Hüter von Haus und Hof.

man den Platzbedarf der verschiedenen Bäume berücksichtigen. Steht nicht allzu viel Platz zur Verfügung, weicht man besser auf kleinkronigere Bäume aus. Birne, Speierling, Eberesche oder auch Feldahorn geben hier einen guten Hausbaum ab.

Außerdem soll der Baum zum Stil des Hauses passen und den Vorstellungen der Hofbesitzer gerecht werden. Soll der Baum also etwa den Frühling mit schönen Blüten begrüßen, im Sommer Früchte tragen, eine auffallende Herbstfärbung haben, im Winter sehr dekorativ aussehen oder einfach nur der jahrhundertelangen Tradition entsprechen? Man sieht, die Wahl will wohlüberlegt getroffen werden, und die Entscheidung wird nicht einfach sein.

Birne

(Pyrus pyraster, P. communis)

Bei der Bezeichnung der Birne gibt es einige Unklarheiten. Die Abgrenzung der Wild- oder Holzbirne *(Pyrus pyraster)* von den Kulturbirnen *(Pyrus communis)* ist nicht immer einfach.

Die **Holzbirne** ist ein richtiger Jahreszeitenbaum. Kaum ein anderes Gehölz signalisiert mit seinem Austrieb, seiner Blüte, seiner Frucht und mit seiner Laubverfärbung so treffsicher den natürlichen Vegetationsrhythmus des Jahres. Wohl dem, der diesen »Naturkalender« als Hausbaum hat. Wegen seines nicht allzu mächtigen Wuchses ist er vor allem für kleinere Hofräume

bestens geeignet, doch seine Früchte sind zum Verzehr ungeeignet. Sie sind holzig und sehr herb. Durch Einkreuzungen und menschliche Auslesearbeiten sind aber daraus vielfältige Kulturformen entstanden, die zu unterschiedlichen Zwecken angebaut wurden. Zum einen die Mostbirne, mit über zweihundert Sorten, die sich durch hohe Saftausbeute, fruchtige Süße und hohen Gerbstoffgehalt auszeichnet und jahrhundertelang ganze Landstriche prägte, etwa das niederösterreichische Mostviertel. Zum anderen die Kletzenbirne, die eine besonders stabile Schale und einen sehr hohen Zuckergehalt aufweist. Diese **Kletzenbirnen** sind roh kein besonderer Genuss, getrocknet aber eine Köstlichkeit, vor allem wenn sie zum sogenannten Kletzenbrot verarbeitet werden.

Der Ursprung des Wortes »Kletze« liegt im mittelhochdeutschen Wort »kloezen«, was so viel wie spalten bedeutet – die Birnen wurden vor dem Trocknen in Spalten geschnitten.

Ebenso gibt es spezielle Sorten, die sich zur Herstellung von Obstbränden eignen, – und natürlich die unzähligen Speisesorten, die zum Frischverzehr bestimmt sind.

Edelkastanie

(Castanea sativa)

Als Dorf- oder Hofbaum ist die Edel- oder Esskastanie ein ästhetischer Genuss. Sowohl zur Blütezeit in Juni als auch im Herbst, wenn

Die Erntezeit der Edelkastanien ist im Oktober/November. Auch Eichhörnchen und Siebenschläfer schätzen sie als Delikatesse.

und das Holz für äußerst fäulnisresistente Rebpfähle und Fässer. Besonders interessant ist der Gebrauch der Maronen als Nahrungsmittel, kennt man doch heute die gerösteten Maronen nur als Delikatesse auf Weihnachtsmärkten. Den Urahnen dienten sie jedoch als stärke- und eiweißhaltige Dauernahrung. Getrocknet waren sie lange lagerfähig und wurden sogar zu Mehl verarbeitet, welches wiederum zum Brotbacken verwendet wurde. Bevor Kartoffeln und Mais aus der neuen Welt Einzug hielten, waren Esskastanien Grundnahrungsmittel der ländlichen Bevölkerung. Und ebenso geschätzt waren auch die Bäume: »Ein Baum pro Kopf« galt im Tessin als Faustregel.

Linde

(Tilia cordata, T. platyphyllos)

Kaum ein anderer Baum war so eng mit dem Leben der Menschen verbunden wie die Linde. Sie stand im Hof ebenso wie in der Mitte des Dorfes, sie war Ort der Versammlung und der Rechtsprechung. Durch unzählige Gedichte und Lieder, Orts- und Familiennamen wird deutlich, wie eng dieser Baum in den Seelen der Menschen verwurzelt war. In der Linde verehrten die Germanen Freya, die Göttin der Liebe und des Glücks. An Freyas Stelle trat später die heilige Maria. So gibt es neben **Dorf- und Gerichtslinden** auch viele sogenannte **Marienlinden**, die die Wertschätzung früherer Zeiten bezeugen. Diese Baumdenkmäler

die **Maronen** reifen, besonders aber im Winter besticht die Edelkastanie durch ihre imposante Erscheinung. Ihre Herkunft ist etwas umstritten, aber man nimmt an, dass ihre eigentliche Heimat in Kleinasien liegt. Nach Mitteleuropa eingeführt wurde sie vermutlich von den Römern, zusammen mit dem Weinbau. Bereits im »Capitulare« wurde sie zum Anbau empfohlen, doch macht dies nur im milden Weinbauklima Sinn, da sie für ein gutes Gedeihen eine lange Vegetationsperiode benötigt.

Mit der **Rosskastanie** *(Aesculus hippocastanum)* ist die Edelkastanie nicht näher verwandt. Als Buchengewächs teilt sie mehr Gemeinsamkeiten mit der Buche, was am Laub und vor allem an den Früchten, den sogenannten Nussfrüchten in Fruchtbechern (Maroni – Bucheckern), gut erkennbar ist. Genutzt wurde die Edelkastanie in vielfältigster Weise. So waren die Blüten als wertvolle Bienenweide geschätzt, die abgefallenen Blätter als Einstreu in den Ställen, die Maronen als wertvolle, kalorienreiche Nahrung über den Winter

zeigen auch, dass Linden häufig sehr alt werden. Der Volksmund behauptet sogar, dass Linden »dreihundert Jahre kommen, dreihundert Jahre stehen und dreihundert Jahre vergehen«. Das Geheimnis ihrer **Langlebigkeit** sind neue Innenwurzeln, die vom greisen Stamm aus in Richtung Boden wachsen und sich dort verankern und neue Triebe bilden, wenn der alte Baum abstirbt. Die Linde verjüngt sich sozusagen von selbst. Winter- wie auch Sommer-Linde sind heimische Arten. Sie bevorzugen gute, nahrhafte und frische Böden mit hoher Luftfeuchtigkeit. Auf nicht zusagenden Standorten werden sie häufig von der Roten Spinne befallen und verlieren dadurch ihre Blätter schon im Sommer, was gerade bei der Verwendung als Hofbaum sehr schäbig ausschaut. Es ist somit gut zu überlegen, ob der Standort für eine Linde, die aus traditionellen und emotionalen Gründen gerne als Hofbaum gewählt wird, dieser wirklich zuträglich ist oder ob nicht besser auf eine andere, weniger anspruchsvolle Baumart ausgewichen werden soll.

Am bekanntesten von der Linde ist wohl der Lindenblütentee – seit Generationen werden getrocknete **Lindenblüten als Heilmittel** eingesetzt und wirken lindernd bei Erkältungskrankheiten. Auch als Bienenweide ist die Lindenblüte sehr geschätzt, produzieren doch die Bienen beachtliche Mengen Lindenblütenhonig daraus, der wegen seines einzigartigen Geschmacks bei Kennern besonders beliebt ist.

Der wunderbar berauschende Duft der Blüten und das Gesumme der Bienen sind Grund genug, unter der Linde eine Bank aufzustellen, vielleicht sogar eine, die rundherum geht. Gibt es eine schönere Zier für einen Hofbaum?

Speierling

(Sporbus domestica)

Der Speierling ist eine mediterrane Baumart, wird aber nachweislich seit über tausend Jahren angebaut und ist stellenweise verwildert und eingebürgert – vornehmlich in Weinbaugebieten (Franken, Mosel, Pfalz etc.). Als traditioneller Fruchtbaum war er früher Bestandteil von klösterlichen und bäuerlichen Obstgärten, als Dorf- und Hofbaum hat er sich bis in die heutige Zeit gerettet. Grund dafür ist sicherlich, dass er ein prachtvoller **Solitärbaum** ist, der in jeder Jahreszeit ansprechend aussieht, vor allem aber im Herbst durch seine apfel- oder birnenförmigen Früchte und seine Laubfärbung besticht. Gerade für kleinere Hofräume ist der Speierling durch seinen langsamen Wuchs und seine Endgröße von ca. fünfzehn Metern sehr geeignet.

Der Baum ist sehr wärmebedürftig und frostempfindlich, er bevorzugt eher trockene Standorte und ähnelt im Wuchs dem Birnbaum.

Die Früchte hängen meist in Büscheln und sind etwa 2 – 4 cm lang und breit. Sie beinhalten sehr viele Steinzellen und sind erst im

Fast unbekannt sind mittlerweile die Früchte des Speierlings.

überreifen Zustand, d. h. wenn sie teigig werden, genießbar.

Die unreifen Früchte liefern einen gerbstoffreichen Saft, der dem selbst gemachten Apfelmost einen kräftigeren Geschmack, klare Farbe und längere Haltbarkeit verleiht. Dies war vor allem im Frankfurter Raum zur Herstellung des berühmten »Äppelwoi« üblich.

Seinen Namen hat der Speierling wohl aus seiner Verwendung in der Volksmedizin. Dort spielten die Früchte wegen ihres Gerbstoffgehaltes eine große Rolle bei Durchfall und Erbrechen.

Walnuss

(Juglans regia)

Ein äußerst beliebter Hofbaum ist seit jeher der Walnussbaum. Wegen seiner Ausdünstungen wurde er von der ländlichen Bevölkerung als Hofbaum in Ehren gehalten, weil er lästige Mücken und Fliegen vertreibt. Auch in der Nähe des »Häusl's« wurde er deshalb gerne gepflanzt.

Der Name Walnuss kommt von »Welsch Nuss« und nimmt Bezug auf die welschen Lande (Südfrankreich, Italien), wo diese Nüsse herkamen. Die Römer haben sie zu uns gebracht, und das »Capitulare«, in dem sie bereits zum Anbau empfohlen wurde, sorgte für ihre Verbreitung.

Bei freiem Stand wächst die Walnuss in die Breite und verzweigt sich stark. Als Hofbaum gibt sie ein **imposantes Erscheinungsbild** und beherrscht den Hofraum. Wichtig zu wissen ist, dass beim Vermodern der abfallenden Blätter und Fruchthüllen Bitterstoffe freigesetzt werden, die andere Pflanzen im Wachstum hemmen. Eine Unterpflanzung ist daher kaum möglich. Bei der Pflanzung an sich ist zu beachten, dass es sich um einen Tiefwurzler handelt, d. h. die Walnuss soll als möglichst kleines Exemplar gepflanzt werden, da sie ein Umpflanzen nur sehr schlecht verträgt. Aufgrund ihrer südlichen Herkunft leidet sie in nördlicheren Gefilden auch unter Spätfrösten. Bei den Bauern galt der Markustag (25. April) als »Nussfressertag« und war sehr gefürchtet, denn

Frost zu so später Zeit konnte den ganzen Nussertrag ausfallen lassen. Doch die Walnuss, die botanisch gesehen eine Steinfrucht ist, war und ist sehr begehrt. Mit ihrem hohen Anteil an Vitaminen, Mineralstoffen und ungesättigten Fettsäuren sind die Nüsse seit jeher als Nahrungsmittel geschätzt, vor allem als ausgezeichnete Gehirn- und Nervennahrung. Doch auch medizinisch fanden sie Verwendung. Bereits Hieronymus Bock beschrieb in seinem »Kreutterbuch« Anwendungsbeispiele in der Heilkunde. Die grünen Schalen wurden außerdem zum Dunkelfärben der Haare verwendet. Ebenso wurde aus Blättern und Rinde durch Abkochung mit Alaun **Farbstoff** gewonnen, der zum Bräunen von Holz und Wolle Verwendung fand. Die Blätter mit ihrem kräftigen, herben Aroma lieferten überdies mehr oder weniger brauchbaren Tabakersatz.

Wie die Haselnuss gilt die Walnuss seit alters her als Sinnbild der

Vorwiegend in Süddeutschland war die Walnuss als Hausbaum beliebt. Sie sollte nicht nur Früchte tragen, sondern auch Glück bringen.

Fruchtbarkeit. In Sprüchen taucht immer wieder die Nuss auf, die es zu knacken gilt. Und heiratslustigen Burschen legte man nahe: »Wer die Nuss will, biegt den Zweig um, wer die Tochter will, geht um die Mutter herum.« Zu guter Letzt spielte auch das Holz des Walnussbaumes eine Rolle: Kein anderes heimisches Holz ist so schwer, zäh und glatt polierbar. Mit dem hellen Splint und dem dunklen, gemaserten Kern ist es unverwechselbar und war schon immer für Möbel oder Furniere hoch geschätzt.

Traditionelle Hofbäume (* = im Text beschrieben)

Deutscher Name	Botanischer Name	Höhe (m)	Standort	Bemerkung
Ahorn – Bergahorn	*Acer platanoides*	20–30	frisch, nicht staunass	Insektennahrung
Spitzahorn	*Acer pseudoplatanus*	20–40	schwere Böden	Insektennahrung
Feldahorn	*Acer campestre*	10–15	eher trocken	Insektennahrung
Birne	*Pyrus pyraster/ Pyrus communis*	10–15	warm, nicht staunass	Obstgehölz
Buche	*Fagus sylvatica*	20–30	feucht-frisch	Bucheckern
Eberesche	*Sorbus aucuparia*	8–12	frisch	Vogelnahrung/Obst
Edelkastanie	*Castanea sativa*	15–30	warm, nicht staunass, äußerst anspruchsvoll	Maronen
Eiche – Traubeneiche	*Quercus petrea*	30–40	frisch	Tiernährgehölz, Eicheln
Stieleiche	*Quercus robur*	20–30	frisch	Tiernährgehölz, Eicheln
Esche	*Fraxinus excelsior*	30–40	eher feucht	gut austreibend
Linde – Winterlinde	*Tilia cordata*	15–30	eher kalkhaltig, frisch	Bienenweide, Tee
Sommerlinde	*Tilia platyphyllos*	30–40	frisch-feucht, sehr anspruchsvoll	Bienenweide, Tee
Rosskastanie	*Aesculus hippocastanum*	20–30	nicht staunass	Miniermotte, Kastanien
Speierling	*Sorbus domestica*	10–15	warm, nicht staunass	Obstgehölz
Walnuss	*Juglans regia*	20–30	schwere Böden	Walnüsse

Kübelpflanzen – die Schmückenden

Der Brauch, Pflanzen in Gefäßen zu kultivieren, entspricht dem uralten Hege- und Pflegetrieb des Menschen. In den antiken Hochkulturen spielten Pflanzen in Töpfen und Trögen bereits eine große Rolle. Hierzulande beginnt die Geschichte der sogenannten Kübelpflanzen wohl beim Rosmarin, diesem nicht winterharten Gewächs, das die Römer aus dem sonnigen Süden über die Alpen brachten.

Bereits im Jahre 794 wird es im »Capitulare« Karls des Großen erwähnt. Im 13. Jahrhundert empfiehlt Hildegard von Bingen den ebenfalls nicht winterharten Lorbeer als Heilpflanze, und 1583 wird Myrte erstmals als Brautkranz getragen. Bald folgten Zistrosen und Agaven, Feigen- und Granatapfelbäumchen.
Pflanzen südlicher Herkunft, die unseren Wintern nicht standhiel-

ten, in Kübeln zu ziehen, war schick. Liebling war lange Zeit der Orangenbaum, für dessen Beschaffung, Kultur und Überwinterung viel Geld ausgegeben wurde. Die Orangerien an den Höfen erreichten gewaltige Ausmaße, wie in Herrenhausen in Hannover oder Schönbrunn bei Wien noch heute zu bewundern ist. Die Gärten der Mächtigen waren wieder einmal Vorbild, Bürgertum und Bauern ahmten es nach. Pflanzen, die trotz **ihrer fehlenden Winterhärte** einigermaßen pflegeleicht waren, schafften den Sprung in den Bauerngarten und hielten sich bis in die heutige Zeit. Einige wie Rosmarin und Myrte wurden in das Brauchtum mit aufgenommen, andere wie Fuchsie, Granatapfel, Schmucklilie oder Oleander dienten einfach der Zierde und dem Stolz der Bäuerin. Ihr Standort war aber nicht der Bauerngarten selbst, sondern die »Gred«, der Platz vor der Haustür also, wo in den meisten Fällen auch die Hausbank stand. Ein **Aushängeschild** sozusagen oder ein Willkommensgruß an alle Eintretenden. Vom Frühling bis zum ersten Frost schmückten sie den Hauseingang und wurden dann an einem kühlen, aber frostfreien Ort überwintert, um im nächsten Jahr in neuer Pracht wieder vor der Tür zu stehen. Immens groß ist mittlerweile das Angebot an Kübelpflanzen. Nicht alle aber sind einfach in der Kultur und vor allem in der Überwinterung. Dies sollte bei der Auswahl bedacht werden, um nicht zu große Enttäuschungen erleben zu müs-

Oft jahrzehntealte Oleander schmücken auf Höfen den Hauseingang und beeindrucken die Besucher.

sen. Ebenso sollten die Pflanzgefäße mit Bedacht gewählt werden. Natürliche Materialien wie Stein, Holz oder Terrakotta fügen sich am harmonischsten in das Bild rund um den Bauerngarten ein.

Granatapfel

(Punica granatum)

Die Heimat des Granatapfels ist vermutlich Persien, dort ist er ein laubabwerfender, oft dorniger, dicht verzweigter Großstrauch. Seit Jahrhunderten wird er im Mittelmeerraum kultiviert und war in vielen Kulturen heilig. Aufgrund seiner zahlreichen Kerne wurde er als **Symbol der Fruchtbarkeit** angesehen, und sein stark färbender Saft lieferte Farbstoffe für Orientteppiche. Etwa um 1600 sind Granatäpfel zum ersten Mal in Deutschland erwähnt. Zusammen mit Feigen standen sie angeblich bei einem Pflanzenliebhaber in Breslau. In der christlichen Symbolsprache symbolisiert der Granatapfel die Gemeinschaft der Gläubigen und taucht in vielen Gemälden zusammen mit Maria und dem Jesuskind auf. Als Kübelpflanze war dieses besondere Gewächs hoch geschätzt und wurde, da es relativ unkompliziert in der Pflege ist, auch gerne kultiviert.

In der Gefäßkultur wird der Granatapfel je nach Sorte 60 cm bis zwei Meter hoch. Es gibt mittlerweile sowohl Frucht- als auch reine Ziersorten, ebenso die zwergwüchsige *P. granatum* 'Nana'. Bereits beim Einräumen ins Winterquartier kann man die Pflanze auf die Hälfte zurückschneiden, sodass sie wenig Platz in Anspruch nimmt. Da der Granatapfel sein

Punica granatum 'Nana' ist eine eindrucksvolle Kübelschönheit.

Im Innern des Granatapfels befinden sich einzelne Kammern, die die von geleeartigem Fruchtfleisch umgebenen Samen beherbergen.

Laub gänzlich abwirft, kann er dunkel, kühl und relativ trocken überwintert werden, bis er im Frühjahr mit seinem bronzefarbenen Austrieb wieder zu neuem Leben erwacht. Da er kaum von Krankheiten und Schädlingen befallen wird, erfreut er Sommer für Sommer mit seiner Blütenpracht und kann bei guter Pflege ein hohes Alter erreichen.

Lorbeer
(Laurus nobilis)

Der echte Lorbeer hat sich, aus Vorderasien kommend, über den gesamten Mittelmeerraum verbreitet. Dort kann er als Baum bis zu zehn Meter hoch werden. Bei uns wird er wegen seiner mangelnden Frosthärte vor allem als Kübelpflanze verwendet. Da er sich beliebig schneiden lässt, wird er hauptsächlich als Stämmchen oder Pyramide gezogen und schmückte so schon früh Eingänge und Wege. Aus der Antike ist der Lorbeerkranz bekannt, den verdiente Feldherren auf ihrem Haupte trugen, und bis heute steht der Lorbeerkranz sprichwörtlich für eine besondere Auszeichnung. Er gilt als Symbol des Ruhmes, des Sieges und des Friedens.
Die aromatischen Lorbeerblätter werden seit Generationen als Gewürz verwendet. Sie enthalten viele Bitterstoffe und müssen sehr sparsam dosiert werden. Fleisch-, Fisch- und vor allem Wildgerichten verleihen sie ein besonderes Aroma und machen sie bekömm-

Lorbeerbäumchen an beiden Seiten des Hauseinganges haben auf Bauernhöfen lange Tradition. Vor allem zu Hochzeiten und Beerdigungen schmücken sie den Eingang.

licher. Getrocknet behalten sie etwa zwei Jahre ihre Würzkraft. Als Kübelpflanze ist Lorbeer wenig anspruchsvoll. Er kann ohne Weiteres im dunklen, kalten Keller oder in der Garage überwintert werden. Will man ihn in Form schneiden, greift man besser nicht zur Heckenschere. Die eingetrockneten Schnittränder lassen die Pflanze anschließend unschön wirken. Besser ist es, man entspitzt laufend die Neutriebe, um wohlgeformte, dichte Pflanzen zu erhalten.

Myrte
(Myrtus communis)

Als Pflanze der Macchien ist die Myrte im Mittelmeerraum beheimatet. Ihre kleinen, immergrünen,

ledrigen Blätter und ihre Anspruchslosigkeit machten sie zu einer beliebten Kübelpflanze. Als solche erreicht sie etwa Meterhöhe und blüht den ganzen Sommer über mit weißen Blüten, aus denen die für Myrtengewächse typischen duftigen Staubfäden herausragen. Ihnen folgen manchmal erbsengroße, blauschwarze Beeren, die süßlich-würzig schmecken.
Die Myrte hat große Bedeutung in der Mythologie. So soll bereits Adam bei der Vertreibung aus dem Paradies einen Myrtezweig zur Erinnerung mitgenommen haben. Schon im Altertum galt sie als **Symbol der Jungfräulichkeit** und der Schönheit und wurde bei Hochzeiten getragen. Etwa im 16. Jahrhundert löste die Myrte damit in manchen Gegenden den Rosmarin ab. Bis dahin galt näm-

In den Blattachseln der Myrte entstehen zahlreiche kleine weiße Blüten.

lich ein Rosmarinkränzchen als besonderer Brautschmuck.
Die vielen Myrten, die man auf Bauernhöfen findet und die dort oft von Generation zu Generation weitervererbt werden, hatten ihren Ursprung oft als Myrtenzweiglein auf einer Hochzeit, wurden danach ins Wasser gestellt und weiterkultiviert. Als Anstecksträußlein werden sie die Gäste der nächsten Hochzeit schmücken, ganz so, wie es Brauch ist auf dem Land.

Oleander
(Nerium oleander)

Wie keine andere Pflanze ist der Oleander das Symbol seiner mediterranen Heimat und in unseren Breiten die Kübelpflanze schlechthin. Von Natur aus kommt er vom westlichen Marokko bis nach China vor, ist aber überall dort, wo

es ihm gefällt, zum Kulturflüchtling geworden.
Der immergrüne, ein bis sechs Meter hohe Strauch, den man auch baumartig ziehen kann, kam schon sehr früh nach Deutschland und war wegen seiner schönen Blüte und seiner relativ unkomplizierten Kultur sehr geschätzt. Außerdem gehört er wie viele Hundsgiftgewächse zu den seit alters her bekannten Giftpflanzen. Aus diesem Grund legte man früher auch getrocknete Oleanderblätter zwischen Schriftstücke und in die Bücher, um Papier zerstörende Insekten abzuwehren oder auch zu töten.
Jahrhundertelang kannte man nur rosa oder rot blühende Formen. Durch **Mutation und Züchtung** entstand mit der Zeit jedoch ein breites Farbenspektrum. Alle Farbschattierungen von Rot über Rosa, Aprikosenfarben, Lachs, Gelb bis Weiß sind mittlerweile vorhanden. Ebenso gibt es neben den einfachen auch gefüllte Blütenformen sowie stark duftende Sorten.
Will man an seinem Oleander Freude haben, ist es von Vorteil, etwas über seine Vorlieben zu wissen. So liebt er den Sommer über einen »nassen Fuß«. Bereits in seinem botanischen Namen Nerium – abgeleitet vom griechischen »neros« = sumpfig, feucht – kommt dies zum Ausdruck. Verständlich wird dies, wenn man weiß, dass der Oleander an seinem Naturstandort ein typisches Auengehölz ist, d.h. regelmäßigen Überschwemmungen ausgesetzt ist. Außerdem liebt er kalkhaltigen Boden und trockene,

heiße Sommer. Erfüllt man ihm all diese Ansprüche, entwickelt er sich zum Prachtstück und umgibt Eingang oder Sitzplatz mit seinem mediterranen Charme. Ganz nebenbei hält er von diesen Plätzen auch noch die Fliegen fern, die dieses Gewächs so gar nicht mögen. Auf Bauernhöfen ein sicher nicht zu unterschätzender Pluspunkt.
Zu überwintern ist Oleander einfach. Da er ziemlich viel Frost verträgt, kann er lange im Freien stehen. Erst bei etwa –5 °C räumt man ihn ein, am besten in ein kühles, helles Treppenhaus, zur Not aber auch in den kalten, dunklen Keller oder in die Garage.

Rosmarin
(Rosmarinus officinalis)

»Ros maris«, übersetzt: Tau des Meeres, ist ein immergrüner, anderthalb Meter hoher verholzender Strauch mit blassblauen Blüten, der in den Mittelmeerländern oft in Küstennähe wächst. Bereits von Karl dem Großen zum Anbau empfohlen, gelangte Rosmarin im Laufe der Zeit zu großem Ruhm. Nicht nur im **Brauchtum**, wo er vorwiegend bei Taufen, Hochzeiten und Beerdigungen verwendet wurde, spielte er eine große Rolle, auch in der **Volksheilkunde** und nicht zu vergessen in der Küche. Das ätherische Rosmarinöl wurde bei Kopfschmerzen eingesetzt, Rosmarinwein sollte zur allgemeinen Kräftigung beitragen. Ein Rosmarinbad mobilisiert – nach Sebastian Kneipp – den Kreislauf, und Rosmarintee hilft bei der Verdauung.

Ein Gewächs, das so viel Gutes in sich birgt, wollte man sein Eigen nennen und nahm dabei in Kauf, dass es nicht ganz winterfest ist und deshalb eine Sonderbehandlung braucht. Bei starken Frösten nahm man den Rosmarin herein und stellte ihn an einen kühlen, hellen Platz – die erste »Kübelpflanze« war geboren.

Heute schätzt man Rosmarin vor allem **in der Küche**. Die frischen, hocharomatischen Nadeln geben Fisch und Geflügel, aber auch Kartoffeln eine angenehme Würze, sie bringen zusammen mit Knoblauch und Thymian mediterrane Atmosphäre ins Haus.

Wohl die erste Kübelpflanze überhaupt war der Rosmarin.

Agapanthus – der Blickfang in Blau schmückt in der Regel Hauseingänge, aber auch an Sitzplätzen wirkt er einladend.

Schmucklilie

(Agapanthus africanus,
Agapanthus-Hybriden)

Nach dem Oleander dürfte sie wohl die verbreitetste Kübelpflanze sein. In ihrer Heimat Südafrika ist sie als Liebesblume bekannt, bei uns dagegen als Schmucklilie, wobei sie mit ihren großen, vollen Blütenbällen ihrem deutschen Namen alle Ehre macht.

Als Kübelpflanze werden verschiedene Arten und Hybriden kultiviert, die vornehmlich in Weiß und verschiedenen Blautönen blühen. Sehr bekannt und auch relativ winterhart sind die »Headbourne-Hybrids«, die in milden Gegenden sogar ausgepflanzt werden können. Alle lieben sie einen möglichst warmen, geschützten Standort in voller Sonne, was bei ihrer Herkunft nur allzu verständlich ist. Auch sollte man wissen, dass Agapanthus umso besser blüht, je stärker der Kübel durchwurzelt ist. Eine Teilung der fleischigen Wurzeln ist also nur alle fünf bis sechs Jahre angesagt. Botanisch gesehen handelt es sich bei der Schmucklilie um eine Staude, je nach Art und Einkreuzung immergrün oder einziehend. Dies muss bei der Überwinterung berücksichtigt werden. Auch immergrüne Agapanthus lassen sich im dunklen Keller überwintern, nur kalt muss er sein, und gegossen wird nur so viel, dass die Pflanze nicht völlig austrocknet. Alles in allem also eine äußerst pflegeleichte Kübelpflanze, an der man jahre-, ja jahrzehntelang seine Freude haben kann.

Spindelstrauch

(Euonymus japonica)

Der immergrüne Spindelstrauch kommt ursprünglich aus Japan und Korea. Viel später als die mediterranen Arten wurde er in Deutschland eingeführt. Dennoch ist er seit langer Zeit eine beliebte Kübelpflanze. Durch seine völlige Anspruchslosigkeit und Unempfindlichkeit hat er Einzug gehalten in den Pflanzenbestand der Bauernhöfe. Seine glänzend dunkelgrünen, ledrigen Blätter erfreuen das ganze Jahr über, und zur Blütezeit wird er von unzähligen Insekten geradezu umschwärmt. Zudem ist *Euonymus japonica* sehr schnittverträglich und treibt auch aus älterem Holz gut aus. Mittlerweile gibt es zahlreiche Sorten dieser Art, v. a. mit gelb oder weiß panaschierten Blättern. Eine der schönsten ist sicherlich *E. japonicus* 'Latifolius Albomarginatus', deren Blätter einen auffälligen breiten weißen Rand besitzen. Auch Zwergformen gibt es, die in ihrem Erscheinungsbild an Buchs erinnern.
Bei der Überwinterung ist zu beachten, dass er nie ganz trocken werden darf, da er ansonsten alle Blätter abwirft.

Traditionelle Kübelpflanzen rund um den Bauerngarten (* = im Text beschrieben)

Deutscher Name *Botanischer Name*	Blütenfarbe	Wuchs- höhe (m)	Bemerkung
Feige *Ficus carica*	unscheinbar	2–10	im Weinbauklima winterhart, 'Violetta' sehr frosthart
Fuchsie *Fuchsia-Hybriden*	weiß, rosa, rot, lila	0,5–1,5	kann stark zurückgeschnitten überwintert werden
Granatapfel *Punica granatum*	orange	0,5–2	blühfreudige Sorte wählen, anspruchslos, dunkel und kalt überwinterbar
Lorbeer *Laurus nobilis*	gelb	0,5–10	verträgt starken Formschnitt und mäßigen Frost
Myrte *Myrtus communis*	weiß	0,5–4	gut schnittverträglich, hell überwintern
Oleander *Nerium oleander*	weiß, rosa, karmin	1,5–6	blühfreudige Sorten wählen, dunkel und kalt überwinterbar
Rosmarin *Rosmarinus officinalis*	hellblau	0,5–2	gut schnittverträglich, hell überwintern
Schmucklilie *Agapanthus africanus*	blau, weiß	0,3–1,2	anspruchslos
Spindelstrauch *Euonymus japonica*	weiß	0,5–2	gut schnittverträglich, dunkel und kalt überwinterbar
Zistrose *Cistus × purpureus*	rot-purpur	0,3–1,5	braucht helles Winterquartier

Ruderalflora – die Weggefährten

Manche Wildkräuter, die heute verachtet als sogenannte Unkräuter außerhalb der Gärten, auf Schutthalten, an Hecken, Straßen- und Wegrändern und Ruinen ihr Dasein führen, standen früher im Bauerngarten. Im Laufe der Zeit verwilderten sie. Die Gründe dafür waren verschieden. Zum einen wurden manche Pflanzen, die der Ernährung dienten, durch bessere ersetzt, etwa der Gute Heinrich oder die Melde durch den Spinat. Zum anderen wurden manche Pflanzen im täglichen Leben einfach nicht mehr gebraucht, wie das Seifenkraut zum Waschen, die Resede und der Waid zum Färben oder die Kermesbeere zum Schönen des Weins. Der wichtigste Grund waren aber mit Sicherheit Fortschritte in der Medizin. Die Anwendung altbewährter Heilkräuter geriet mehr und mehr in Vergessenheit, die Heilpflanzen selbst wurden nicht mehr gepflegt und konnten sich schließlich nur noch außerhalb der Gärten behaupten. Viele dieser sogenannten **degradierten Heilpflanzen**, sowohl einheimischen als auch zugewanderten Ursprungs waren früher auf jedem Hof anzutreffen, sind aber mittlerweile vom Aussterben bedroht. Sie stellen jedoch wichtige Genreservoire dar, die unbedingt erhalten werden müssen, denn durch ihr Aussterben würden bekannte und noch nicht bekannte Wirkstoffe verloren gehen. Als wichtige

Kulturzeugnisse haben sie mehr Beachtung verdient, und weiß man erst ein-mal mehr um ihre einstige Bedeutung, so wird man sie, auch wenn sie optisch nicht so viel hergeben, schätzen und lieben lernen.

Herzgespann

(Leonurus cardiaca)

Diese horstige, etwa einen Meter hohe Staude findet sich mitunter verwildert an trockenen, stickstoffreichen Stellen in der Nähe von Gehöften. An ihren kantigen Stängeln und den blassrosa Lippenblüten, die in Quirlen erscheinen, ist sie leicht zu erkennen. Wegen des Aussehens ihrer Scheinähren erhielt sie auch den Namen **Löwenschwanz**. Bereits in den frühen Kräuterbüchern wurde sie gegen »Herzweh« empfohlen. In der Volksmedizin galt ein Aufguss der Sprossteile bei nervöser Unruhe, Angstzuständen und Wechseljahrsbeschwerden als hilfreich. Während der Wehen getrunken, sollte dieser Aufguss die Geburt erleichtern, was ihr den Beinamen »Mutterwurz« einbrachte. In der Tat konnte bei neueren Untersuchungen dem Herzgespann eine beruhigende Wirkung nachgewiesen werden. In der modernen Pflanzenheilkunde findet es so als Bestandteil von Teemischungen bei nervösen Herzstörungen, Herz-

Zu den sogenannten degradierten Heilpflanzen gehört das Herzgespann.

klopfen, Unruhe und Ängstlichkeit Verwendung.

Osterluzei

(Aristolochia clematitis)

Ursprünglich ist die Osterluzei im Mittelmeerraum beheimatet. Bei uns ist sie verwildert vor allem in der Nähe von Weinbergen anzutreffen, denn sie liebt warme, trockene Standorte. Ursprünglich war sie wie so viele Gartenflüchtlinge in den Klostergärten, später auch in den Bauerngärten weit verbreitet. Als wichtiges Wundheilmittel fand sie in der Volksmedizin Verwendung. Aber auch bei Menstruationsbeschwerden und zur Einleitung der Geburt wurde sie empfohlen. Der Gattungsname Aristolochia weist sogar darauf hin (griechisch: »aristos« = das Beste, »lockheia« = die Geburt). Allerdings wurde die schöne Pflanze auch als Abortivum missbraucht. Heute ist diese Staude mit ihren herzförmigen Blättern, den etwas eigenartigen Blüten und dem leicht widerlichen Geruch eine wahre Rarität und steht auf der Roten Liste der vom Aussterben bedrohten Arten. Dies sollte Ansporn sein,

Die Blüten der Osterluzei sind eine Falle für die besuchenden Insekten.

sich dieses Stück Gartenkultur wieder in den Garten zu holen, auch wenn von Selbstbehandlungsversuchen mit der Osterluzei dringend abgeraten werden muss. Neuere Untersuchungen weisen die ohnehin giftige Pflanze als krebserregend aus, sodass sie auch als Heilmittel verboten wurde.

Schwarznessel

(Ballota nigra)

Wesentlich häufiger als Herzgespann und Osterluzei ist die Schwarznessel bei uns anzutreffen. An Wegen, Zäunen und auch Schuttplätzen fristet sie ihr Dasein. Sie ist ein ausgesprochener Stickstoffanzeiger und war einst auf jedem Bauernhof zu Hause. In der Nähe des »Häusls«, im Hühnergarten und überall dort, wo es locker, feucht und nährstoffreich war, fasste sie Fuß. Im Bauerngarten selbst stand sie wohl eher nicht. Sie wucherte zu sehr und war auch optisch kein Gewinn. Als Heilpflanze wurde die als »Gottvergess« oder, wegen ihres widerlichen Geruchs, als »Stinkandorn« bezeichnete Pflanze durchaus verwendet. Bei Husten, Nervosität und Verdauungsbeschwerden kam die Droge traditionell zum Einsatz. Allerdings fehlen bis heute Studien, die diese Indikationen belegen. Als Wegbegleiter wird die Schwarznessel hoffentlich weiter dem Bauerngarten treu bleiben und nicht durch übertriebene Maßnahmen der Dorfverschönerung aus den Dörfern wegbereinigt werden.

Mit ansehnlichen, weißen Trichterblüten beeindruckt der Stechapfel.

Stechapfel

(Datura stramonium)

Dass der Weiße Stechapfel keine Pflanze der heimischen Flora ist, steht fest. Unklar ist jedoch, woher und wann er nach Mitteleuropa kam. In der Literatur liest man immer wieder, das »Fahrende Volk« habe ihn im Mittelalter von Indien nach Europa gebracht. Als »Zigeunerapfel« wurde er deshalb auch oft bezeichnet. Andere Meinungen gehen von einer Herkunft aus Nord- und Mittelamerika aus. Tatsache ist, dass es sich um ein äußerst giftiges Nachtschattengewächs handelt, ebenso giftig wie das Bilsenkraut *(Hyoscyamus niger)*, die Tollkirsche *(Atropa bella-donna)* und der Schwarze Nachtschatten *(Solanum nigrum)*. Zusammen mit ihnen war der Stechapfel im Mittelalter Bestandteil der sogenannten Hexensalben, die starke

Halluzinationen hervorriefen, u. a. sogar das Gefühl des Fliegenkönnens. Auch »Liebestränke« wurden daraus gemischt, um Frauen gefügig zu machen. Von Räucherungen zur Benebelung der Sinne wird in alter Literatur ebenso berichtet wie von seinem Einsatz als Medizin bei

Krämpfen und Geisteskrankheiten. Die meisten Verfasser alter Kräuterbücher fürchteten den Stechapfel und warnten vor ihm. Als Relikt dieser Zeit ist diese einjährige Pflanze heutzutage u. a. auf Ödland, Schutt und an Wegen anzutreffen. Ihre großen, weißen,

trompetenförmigen Blüten, die in der Nacht stark süßlich duften, sind genauso auffallend wie ihre stacheligen Früchte, die nach der Reife zahlreiche Samen freigeben. Diese sorgen dafür, dass der Stechapfel zunehmend zum »Ackerunkraut« in Mitteleuropa wird.

Ruderalflora rund um den Bauerngarten (* = im Text beschrieben)

Deutscher Name	Botanischer Name	Lebensdauer[1]	Blütenfarbe	Bemerkungen
Andorn	Marrubium vulgare	⊙	weiß	degradierte Heilpflanze
Benediktenkraut	Cnicus benedictus	⊙	blassgelb	degradierte Heilpflanze
Bilsenkraut	Hyoscyamus niger	⊙⊙	gelb-violett	Gift- und Zauberpflanze
Eisenkraut	Verbena officinalis	⊙	blassrosa	degradierte Heil- und Zauberpflanze
Färber-Resede	Reseda luteola	⊙⊙	blassgelb	Färbepflanze
Färber-Waid	Isatis tinctoria	⊙⊙	gelb	Färbepflanze
Herzgespann	*Leonurus cardiaca	♃	blassrosa	degradierte Heilpflanze
Nachtschatten	Solanum nigrum	⊙	weiß	Giftpflanze
Odermennig	Agrimonia eupatoria	♃	gelb	degradierte Heil- und Orakelpflanze
Osterluzei	*Aristolochia clematitis	♃	gelbgrün	degradierte Heilpflanze
Rosenpappel	Malva alcea	♃	zartrosa	degradierte Heilpflanze, »Sigmarswurz«
Schwarznessel	*Ballota nigra	♃	helllila	degradierte Heilpflanze
Stechapfel	*Datura stramonium	⊙	weiß	Giftpflanze
Weberkarde	Dipsacus sativus	⊙⊙	weißlich-rosa	zum Aufrauen von Stoffen verwendet
Wegmalve	Malva neglecta	⊙	weißlich-rosa	degradierte Heilpflanze
Zaunrübe	Bryonia dioica	♃	gelblich-weiß	degradierte Heil- und Zauberpflanze

[1] ⊙ = einjährig, ⊙⊙ = zweijährig, ♃ = Staude

Brauchtum
und Aberglaube

Alte Bräuche im Jahreslauf

Wie innig das Verhältnis der Bauern zur Pflanzenwelt war und zum Teil noch ist, zeigt sich wohl am deutlichsten, wenn man das bäuerliche Jahr betrachtet, das wie das Kirchenjahr am ersten Adventssonntag beginnt. Fast kein Festtag verging, ohne dass dabei Pflanzen eine Rolle spielten. Aber selten war es der schmückende Zweck allein, dem sie dienten. Die kirchliche Weihe verlieh den Pflanzen nach frommem Glauben außerordentliche Kräfte. In vielen Fällen lässt sich nachweisen, dass unter dieser kirchlichen Schicht eine alte heidnisch-germanische oder auch eine allgemein menschliche durchschimmert.

Advent und Weihnachtszeit

Zu Beginn der Adventszeit holt man sich Knospen tragende Zweige von Kirsch-, Weichsel-, Apfel- oder Birnbäumen ins Haus und stellt sie ins Wasser. Meist geschieht dies am Andreastag (30. 11.) oder kurz darauf am Tag der heiligen Barbara (4. 12.). Kommen diese »**Barbarazweige**« gegen Weihnachten zum Blühen, so gilt dies als gutes Zeichen für das kommende Jahr.

Blühte zu Weihnachten die Christwurz *(Helleborus niger)*, war das ein Hinweis auf ein fruchtbares Jahr.

Weitverbreitet war der Brauch, an Weihnachten oder Neujahr Speisen zu essen, zu deren Bereitung Hirse oder Mohnsamen, Linsen, Erbsen oder auch Bohnen verwendet wurden. Es hieß, dann würde im kommenden Jahr das Geld nicht ausgehen. Auch auf den erhofften Ertrag der Garten- und Feldfrüchte richtete sich um diese Zeit der Sinn des Bauern. So ging er in der Christnacht zu den Obstbäumen, schüttelte sie oder schlug sie mit einer Haselgerte, damit sie möglichst reichlich Früchte trugen.

In den sogenannten **Rau(ch)nächten** hatten im Glauben der Menschen alle geheimen Kräfte eine besondere Macht. Deshalb räucherte man in der Nacht vor dem Thomastag (21. 12.), den drei Nächten vor Weihnachten, der Neujahrs- und der Dreikönigsnacht die Stuben aus. Bei Einbruch der Dunkelheit nahm der Bauer eine kupferne Pfanne, füllte sie mit glühenden Kohlen aus dem Ofen und gab Zweige von Wacholder, Eibe, Wacholderbeeren und Kräuter des »Dreißgerbuschens« dazu. Damit

ging er durch alle Räume des Hauses, durch den Stall und die Scheune und räucherte diese aus. Manchmal sprach er dazu ein Gebet oder aber Sprüche wie: »Eibenlaub und Kranawitt (Wacholder), das mag der Teufel nit.« Überall versprengte er ein paar Tropfen Weihwasser und schließlich schüttete er die verlöschende Glut unter den Holunderstrauch im Hof. So waren alle vier Elemente, das heilige Feuer, der läuternde Rauch (Luft), das geweihte Wasser und die Erde an diesem Brauch beteiligt.

Palmbuschen und »Kräutersuppen«

Bis in die heutige Zeit erhalten hat sich in katholischen Gegenden der Brauch, am **Palmsonntag** in der Kirche einen Palmbuschen, kurz »Palm« genannt, weihen zu lassen. Die Zusammensetzung dieses Buschens ist je nach Gegend unterschiedlich. Den Hauptbestandteil bilden die mit jungen, samtartig behaarten Blütenkätzchen besetzten Weidenzweige. Dazu kommen in Gebirgsgegenden Zweige der Stechpalme *(Ilex aquifolium)*, in Süddeutschland der Sadebaum *(Juniperus sabina)*, hier »Segen-

Die Zweige der Stechpalme fanden im Brauchtum Verwendung.

baum« genannt, oder der nahe verwandte Wacholder (*Juniperus communis*) und in Westdeutschland meist der immergrüne Buchs (*Buxus sempervirens*). Auch die Form und Größe des »Palms« ist verschieden. Von kleinen, mit Krepppapierrosen verzierten Sträußchen bis hin zu mächtigen Buschen, die auf hohen Stangen getragen werden, sind alle Größenstufen anzutreffen.

Nach der kirchlichen Weihe wird er nach Hause getragen und dort zunächst am Zaun aufgesteckt, bevor die einzelnen Zweige später auf die verschiedenen Räume des Hauses verteilt werden. Einige werden hinter das Kruzifix in der

Wohnstube gesteckt, andere in die Schlafzimmer gelegt. Auch in den Stall und auf die Felder und Wiesen brachte man Palmzweige – zum Wachstum der Tiere und der Saat. Drohte im Laufe des Jahres ein Gewitter, warf die Bäuerin einige Palmkätzchen ins Herdfeuer, um die Gefahr abzuwenden. Der »Palm« als uralte Darstellung des Baumes galt so über Jahrhunderte als Sinnbild des Lebens und des Schutzes.

In naher Beziehung zum erwachenden Grün des Frühlings steht der **Gründonnerstag**. An diesem Tag isst man in manchen Gegenden neunerlei Kräuter, um das ganze Jahr hindurch gesund zu bleiben. Taubnessel, Kerbel, Pimpinelle, Giersch, Sauerampfer, Löwenzahn, Brennnessel, Beinwell, Lungenkraut, Gundelrebe und Brunnenkresse können Bestandteil der sogenannten »Kräutersuppen« sein,

die an diesem Tag auf den Tisch kommt. Das erste Grün, das den Winter gewissermaßen besiegt hat, dem die Kälte des Frühlings nicht schaden kann, hat offenbar eine mächtige Lebenskraft in sich, die es auch dem Menschen mitteilen kann.

Auch in dem einst weitverbreiteten Brauch, die drei ersten Frühlingsblumen, die man erblickt, seien es Gänseblümchen oder Veilchen, zu essen, wird der Glaube an diese Kraft sichtbar.

Von der Walpurgisnacht zu Fronleichnam

Die Nacht zum 1. Mai ist die **Walpurgisnacht**, die einstmals so berüchtigte Hexennacht. Um diese Unwesen vom Haus und Hof fernzuhalten, bediente sich der Bauer allerlei Mittel, darunter auch pflanzlicher. Dornige Reiser von Kreuz-

Klein und bescheiden wirken die süß duftenden Märzveilchen. Als Boten des Frühlings berühren sie seit jeher die Herzen der Menschen.

oder Schlehdorn wurden da und dort an die Türen gesteckt. Im Böhmerwald wurden Birkenbäumchen aufgestellt, um den Hexen den Eintritt in Haus und Stall zu verwehren. Man glaubte nämlich, dass sie die Blätter dieser Bäumchen zählen mussten, bevor sie mit ihren Untaten beginnen konnten. Bis sie aber mit dem Zählen fertig seien, läute es in der Früh zum Morgengebet, und dann sei ihre Macht ohnehin gebrochen.

Im Jahreslauf folgt das Fest **Christi Himmelfahrt**. Kräuter, die an diesem Tag gesammelt werden, sollen ganz besondere Wirkung haben, so zum Beispiel die ehemals im Schwäbischen gesammelten »Himmelfahrtsblümchen« *(Antennaria dioica)*, die zu Kränzen gebunden und in der Stube aufgehängt das ganze Jahr über vor Blitzschlag schützen sollten.

Der Überrest eines alten Vegetationszaubers war es, wenn an Pfingsten in manchen Orten des Bayerischen Waldes ein in Laub und Blumen gehüllter junger Mann, der »Pfingstlümmel« oder »Pfingstl«, umhergeführt wurde. Unter Hersagung von Sprüchen wollte er milde Gaben erheischen. Eine große Rolle im Kirchen- und Bauernjahr spielte der **Fronleichnamstag**, auch Antlass- oder Prangtag genannt. Noch heute nimmt die ganze Gemeinde an der feierlichen Prozession durch das Dorf teil. Alle Häuser sind herausgeputzt, der Weg mit Blumen, Kräutern und Blättern bestreut und mit jungen Birkenbäumchen, den sogenannten Maien begrenzt.

Die Altäre sind aufs Festlichste geschmückt. Vor ihnen liegen Teppiche aus dunklen Fichtenzweigen, bestreut mit Blüten der Wucherblume, Skabiosen, Glockenblumen, Lichtnelken und was der Bauerngarten sonst noch hergibt. Dunkelrote Pfingstrosen prangen mit weißem Schneeball um die Wette, was ihnen wohl auch den Namen »Prangrosen« einbrachte.

Von den »Maien« bricht man sich beim Vorbeigehen Zweige. Da der kirchliche Umgang an ihnen vorüberzog, gelten sie als Segen bringend. Zu kleinen Kränzen gewunden, schmücken sie den Hergottswinkel oder die Fensterkreuze. Einstmals dienten sie als Schutzmittel gegen Blitzschlag und sollten auch bei Viehkrankheiten Besserung bringen. So zeigt sich hier eine starke Ähnlichkeit der »Maien« mit dem »Palm«.

Von Johanni bis Mariä Himmelfahrt

Weiter geht es im Jahreskreis. Es folgt der Johannis- oder Sonnwendtag (24.6.). Volkskundeforscher sehen in dem christlichen Johannisfest die Weiterentwicklung einer vorchristlichen Sonnwendfeier. Die Pflanzenwelt steht zu dieser Zeit in ihrer vollsten Entfaltung, und so verwundert es nicht, wenn auch die Pflanzen in dem vielfältigen Aberglauben und Brauch, der die Sommersonnenwende umgab, eine hervorragende Rolle spielten. Heilkräuter mussten am Johannistag gesammelt werden – oft sogar zu bestimmten Zeiten

Eine uralte Heil- und Zauberpflanze ist das Johanniskraut *(Hypericum perforatum)*.

wie vor Sonnenaufgang, genau mittags zwölf Uhr oder nach Sonnenuntergang –, wenn sie eine besondere Wirkung haben sollten. So hieß es in Mittelfranken, die Blüten des Holunders müssten am Johannistag vor Sonnenaufgang gepflückt werden, wenn sie einen guten Tee gegen Erkältung geben sollten. Anderswo empfahl man den Verzehr der sogenannten »Hollerkiachl« (Rezept S. 143) um zwölf Uhr mittags, um das ganze Jahr vor Fieber geschützt zu sein. Verschiedene Gewächse führen den Namen **»Johanniskraut«**, darunter Arnika, Hartheu, Gelbe Margerite oder Wucherblume. Als Abbild der Sonne hatten sie Beziehung zur Sommersonnenwende, zum Sonn-

Jede Gegend hat ihren typischen Kräuterbuschen – mal klein, mal groß.

wendfeuer oder auch zum Blitz. »So wie das Johannisfeuer durch seine reinigende Kraft alles Unreine vernichtet und das Böse vertreibt, so verscheuchen die Johanniskräuter den Teufel, die Hexen und überhaupt alle bösen Geister«, schrieb der Volkskundler Marzell im Jahre 1937.

Ähnlich wie der Johannistag war auch das Fest **Mariä Himmelfahrt** (15. 8.) ursprünglich ein altes Naturfest. Es sah sich jedoch die Kirche veranlasst, die wunderbare Wirkung der Kräuter vom heidnischen Zauber zu befreien und führte daher deren Weihe ein. Zudem besagt eine Legende, dass die Apostel, als der Gottessohn seine

Mutter nach ihrem Tod samt ihrem Leib in den Himmel heimführte, beim Öffnen des Grabes nur noch Rosen vorgefunden hätten. An diesem Tag werden also in katholischen Kirchen mehr oder minder große Blumensträuße geweiht, die **Kräuterbuschen**, Weihbuschen oder auch Wurzelbüschel genannt werden. Die Zusammensetzung dieser Buschen ist, wenn die alte Überlieferung eingehalten wird, für die einzelnen Gegenden kennzeichnend. Gewisse Kräuter tauchen jedoch fast immer auf, zum Beispiel Königskerze, Rainfarn, Beifuß, Wermut, Schafgarbe und Johanniskraut. Diesen »Weihekräutern« wurde seit alters eine antidämonische Wirkung beigemessen. Auch bei der Anzahl der zu verwendenden Kräuter richtete man sich nach gewissen Vorschriften. »Heilige« Zahlen wie 7, 9 oder gar 33 und 77 spielten hier eine große Rolle.

Nach der Weihe bringt man den Kräuterbuschen nach Hause, wo man ihn trocknet und sorgfältig aufbewahrt. Zog ein Gewitter auf, warf man einst einige der getrockneten Blumen ins Herdfeuer, um Haus und Hof vor Blitzschlag zu schützen. Erkrankte ein Tier im Stall, so mischte man ihm etwas von den geweihten Kräutern unter das Futter. Im Gebirge erhielten die Rinder beim Auftrieb auf die Almen etwas von diesem Würzbuschen zum Fressen, damit sie vor allem Schaden bewahrt seien. Auch zu den Räucherungen in den Raunächten wurden die geweihten Kräuter benutzt.

Der Kreis schließt sich

Die dreißig Tage zwischen Mariä Himmelfahrt und Maria Geburt werden auch als »**Frauendreißiger**« bezeichnet. In dieser Zeit galt früher folgender Volksglaube: »Alle Gifte in Pflanzen und Tieren verlieren da ihre Schärfe, wogegen alle Heilkräfte dreifach gesegnet und gesteigert werden.« (Kirchhoff, 1986)

Dann wird allmählich die Zeit stiller. Die Ernte ist eingebracht. An **Allerheiligen**/Allerseelen hat man Zeit, der Toten zu gedenken. Die Gräber, die meist mit immergrünen Pflanzen wie Efeu, Sinngrün, Buchs oder Wacholder bepflanzt waren, wurden mit den letzten Blumen des Gartens geschmückt: meist Herbstastern, Chrysanthemen oder auch die recht frostbeständigen Ringelblumen, die daher auch den Namen »Doutenbleaml« (Totenblumen) bekamen. Auch Kränze aus Strohblumen, Tannengrün oder Buchs wurden zum Schmuck auf die Gräber gelegt. Mit dem **Martinstag** (11. 11.) schließt das Bauernjahr ab. Er gilt bereits als Anfang des Winters. Mit diesem Tag lief das Pachtjahr ab und endete das Hüteramt. Dazu gab es in manchen Gegenden Süddeutschlands und Österreichs den Brauch, dass der Dorfhirte beim Einsammeln des Hüterlohnes jedem Bauern eine Gerte aus Birkenzweigen, einem Wacholderbüschel samt Beeren und einem belaubten Eichenzweig, die sogenannte Martinsgerte, übergab und dabei einen Spruch aufsagte.

Aus Niederbayern ist der folgende überliefert (nach Marzell):

Kommt der hl. Sankt Mirt
mit seiner Girt (Gerte).
Gott sei Dank, ist wieder das Jahr
ausg'hüet!
So viel Kronwittbierl (Wacholder-
beeren),
So viel Ochsen und Stierl,
so viel Spross (Knospen)
hat der Bauer Rinder und Ross.
So viel Zweig,
so viel Fuder Heu.
Nehmt's die Gart' und steckt sie's
hinter d'Tür,
ziagt sie's auf's Jahr mit Frieden
herfür!
Bauer und Bäuerin
laßt's enk niet verdrieß'n,
ein paar Zwanzger herzuschieß'n.
Des ist mir scho gnua,
und a weiß Stueckl Brot ghört
si' a no dazua.

Diese Sprüche gehen in ihrem Kern meist sehr weit zurück, und man erkennt deutlich die Symbolik der Fruchtbarkeit sowie den Kreislaufgedanken.
Das Bauernjahr ist damit beendet. Die Pflanzen haben es ständig begeitet. Mit jedem Wechsel von Blüte und Frucht, mit jeder Aussaat und Ernte läuft ein vergleichbarer Abschnitt des menschlichen Lebens, der im Brauchtum Ausdruck findet.

Und solang du das nicht hast,
dieses: Stirb und werde,
bist du nur ein trüber Gast
auf der dunklen Erde.
(Goethe)

Von der Wiege bis zum Grab

So wie viele Pflanzen eine enge Beziehung zu den Jahresfesten zeigten, so spielten bzw. spielen manche bei den Hauptstufen des menschlichen Lebens eine Rolle – bei Geburt, Hochzeit und Tod.

Geburt ...

Der Glaube an die Geburts- und Schicksalsbäume einzelner Menschen war weit verbreitet. So war es Sitte, bei der Geburt eines Kindes einen Obstbaum zu setzen und zwar für Knaben einen **Apfel-**, für Mädchen einen **Birnbaum**. Meist gehörte der Baum dann dem Kind und trug auch dessen Namen. Man glaubte, dass das neugeborene Kind gedeihe und verderbe wie sein Geburtsbaum. Verdorrte dieser, so würde auch das Kind sterben.
Bei der Taufe, die in früheren Zeiten bald nach der Geburt stattfand, trugen vielerorts die Taufpaten einen **Rosmarinzweig** als Schmuck. Dem lag wohl die uralte Vorstellung zugrunde, dass das Neugeborene bösen Einflüssen ausgesetzt sei, die durch die Macht des Rosmarins, mit seinem starken Duft Böses zu bannen, ferngehalten werden sollten.

Obstbäume spielten im Leben der Bauern eine große Rolle. Wie ein Schutzmantel umgaben sie den Hof und fügten ihn in die Landschaft ein.

... Hochzeit ...

Die Zeit verging, und bald schon fragte man sich am Hof, ob nicht eine Hochzeit ins Haus stehe. Um diese Frage halbwegs zu klären, bediente man sich ebenfalls gerne der Pflanzen. Blühte etwa im Garten ein »Rosenkönig« (drei Rosenblüten an einem Stiel), so würde es eine Braut im Hause geben.

Bei den Hochzeitsbräuchen spielte wiederum der **Rosmarin** die herausragendste Rolle. Nach altem Volksglauben waren Brautleute ebenso wie Neugeborene besonders bösem Zauber ausgesetzt. Und so wurde auch hier der Rosmarin ob seiner antidämonischen Wirkung eingesetzt. Braut und Bräutigam trugen einen Rosmarinkranz auf dem Haupt oder hatten Zweiglein davon angesteckt. Auch den Gästen wurden Rosmarinzweige auf den Hut oder ans Revers geheftet. Mancherorts wurde das bei der Hochzeit getragene Zweiglein nach dem Fest in einen Blumentopf gesteckt. Bewurzelte es sich und grünte weiter, so galt das als gutes Zeichen für die künftige Ehe; verdorrte es jedoch, so bedeutete es Unglück im Ehestand.

Die weitverbreitete Verwendung des Rosmarins bei den Hochzeitsbräuchen lässt freilich auch andere Ursachen als die erwähnte Dämonen vertreibende Wirkung vermuten. So galt das immergrüne Sträuchlein seit dem 13. Jahrhundert als Empfängnisverhütungsmittel. Aus dieser Sicht erscheinen altbekannte Kinderlieder in einem anderen Licht:

Rosmarin und Thymian
steh'n in uns'rem Garten.
Unser Annchen ist die Braut,
kann nicht länger warten.

So werden auch seltsam anmutende Bräuche verständlicher. Etwa der Trauungsbrauch aus der Oberpfalz, bei dem die Braut den Rosmarin auf die Epistelseite des Altars legte oder aber der Bräutigam dem Pfarrer eine Zitrone überreichte, in der ein Rosmarinzweig steckte. In ziemlich derber Form kam damit zum Ausdruck, dass nunmehr die Braut eine Schwangerschaft unangefeindet vom Gerede der Mitmenschen austragen könne. Neben dem Rosmarin gab es aber noch weitere Pflanzen, die rund

Der immergrüne, stark duftende Halbstrauch spielte im Brauchtum eine große Rolle. Bei Hochzeiten wird Rosmarin noch heute verwendet.

um die Hochzeit eine Rolle spielten, etwa Raute, Buchs und **Myrte**. Letztere verdrängte sogar den Rosmarin nach und nach aus seiner besonderen Stellung.

... und Tod

Unter den zahlreichen Pflanzenorakeln, die die Landleute einst kannten, gab es auch welche, die den bevorstehenden Tod anzeigten. Weitverbreitet war die Ansicht, dass der Tod ins Haus stehe, wenn die Obstbäume oder der Holunder im Herbst blühten. Im Gegensatz zum Baselgebiet, wo die **blühende Hauswurz** eine Hochzeit im Haus ankündigte, galt dieses Ereignis in Schwaben als Hinweis auf den bevorstehenden Tod eines Hausbewohners. Im Bayerischen Wald sah man das Verdorren des Holunderstrauches am Hof als böses Omen an, denn ein Familienmitglied würde dann in nächster Zeit das Leben lassen. Sogar das Nichtkeimen der Petersilie wurde mancherorts als ein Vorzeichen des Todes gewertet. Und in einem bekannten Volkslied erscheint der Rosmarin als Todesverkündiger:

Ich hab' die Nacht geträumet,
wohl einen schönen Traum.
Es wuchs in meinem Garten
ein Rosmarienbaum.
Ein Kirchdorf war der Garten,
ein Blumenbeet das Grab.

Beim Tod selber schließlich spielte, wie schon bei Geburt und Hochzeit, ebenfalls der **Rosmarin** die größte Rolle. In den verschiedensten Gegenden legte man ein Zweiglein davon auf den Sarg und gab es dem Toten mit ins Grab. Verstorbenen Kindern wurde ein Rosmarinkränzlein auf die Brust gelegt, und nicht selten hatten auch die Trauernden einen Rosmarinzweig angesteckt. Ein sehr alter und weitverbreiteter Aberglaube war es, dass der Rosmarinstock, von dem man diese Zweiglein für das Begräbnis abschnitt, bald eingehen würde.

Wie der duftende Rosmarin war auch die Raute nicht nur bräutlicher Schmuck, sondern auch Totenpflanze. Man fertigte Kränzlein oder kleine Weihbuschen und gab sie in den Sarg. Nicht nur zum Schmuck – denn mit dem starken Duft dieser Pflanze sollte auch der Verwesungsgeruch überdeckt werden.

Zu den Totenpflanzen gehörte weiterhin der so häufig auf Gräbern gezogene **Buchsbaum**. In Oberbayern legte man verstorbenen Kindern Buchsbaumzweige in den Sarg, und das bei der Beerdigung vorangetragene Kreuz war mit diesen Zweigen geschmückt. Auch der **Holunder** gilt als Totenpflanze. Mancherorts nahm der Schreiner mit einer Holunderrute Maß an der Leiche für den Sarg, und der Fuhrmann, der den Toten zum Friedhof fuhr, benutzte statt der Peitsche einen Holunderstock. In Tirol trug man dem Sarg ein Holunderkreuz voran. Grünte das auf das Grab gesteckte Kreuz im nächsten Jahr – was bei der großen Lebenskraft dieser Pflanze leicht möglich ist –, so wurde dies als

In heidnischen Zeiten war der Holunder der Erdgöttin »Holla« geweiht.

Zeichen dafür angesehen, dass der Verstorbene selig geworden ist. Wie innig die Verbindung zwischen Menschen und Pflanzen war, wie er zeit seines Lebens von ihnen begleitet wurde, ist an diesen Beispielen gut zu erkennen. Geburt, Hochzeit und Tod, einst ohne die Verwendung bestimmter Pflanzen nicht vorstellbar, werden bis heute als herausragende Ereignisse begangen, das damit verbundene Brauchtum ist jedoch fast gänzlich in Vergessenheit geraten.

Bauerngartenpflanzen im Alltag

Gewürzpflanzen

Nicht nur an den Festtagen spielten Pflanzen eine Rolle, sondern auch im täglichen Leben. Hier sind an erster Stelle die Gewürzpflanzen zu nennen, und zwar nicht die ganze Palette von Würzkräutern, sondern spezielle Gruppen von Kräutern, die einst zu besonderen Zwecken verwendet wurden. So gab es spezielle **Brotgewürze** (Anis, Brotklee, Fenchel, Koriander, Kümmel, Schwarzkümmel), Wurstgewürze (Dost, Knoblauch, Majoran, Rosmarin, Salbei, Thymian), Käsegewürze (Bockshornklee, Kreuzkümmel, Kümmel, Schabziegerklee), Weinkräuter (Alant, Muskatellersalbei, Weinraute, Ysop) und Beizkräuter (Raute, Rosmarin, Salbei, Thymian, Wacholder). Das

Die reifen, getrockneten Früchte des Korianders werden als Gewürz für Brot und Liköre verwendet.

Wissen um die richtige Mischung und die richtige Verwendung wurde von Generation zu Generation weitergegeben, und das Brot, der Käse oder das geräucherte Fleisch hatten so ihren ganz eigenen, für den Hof typischen, unverwechselbaren Geschmack.

Zum Färben und Aromatisieren

An nächster Stelle seien die Gespinst- und Färbepflanzen aufgeführt, die zum Teil im Garten, zum Teil aber auch feldmäßig angebaut wurden. Zu den **Gespinstpflanzen** zählen der Lein, der Hanf und die Brennnessel, die als Ersatz für die ersten beiden galt. Zum Färben von Wolle, Leder usw. verwendete man Färberröte, Färber-Waid und Färber-Ginster. In diesen Zusammenhang gehört auch die Weber-Karde, die man bei der Stoffherstellung zum Aufrauen benutzte.

Auch Speisen wurden angefärbt: Safran, Saflor und Ringelblume lieferten die gelbe Farbe für Butter, Käse und Soßen. Die Früchte von Kermesbeere, Holunder, Rainweide, Judenkirsche und die Blüten der schwarzen Stockrose dienten zum Färben des Weins.

Einige Pflanzen wurden als **Kaffee-Ersatz** angebaut: Lupinen, Erdmandel, Zuckerwurz und Zichorie lieferten recht schmackhafte Kaffeesurrogate.

Kräuter, die sich durch einen stark aromatischen Duft auszeichnen, wurden als **»Riechkräuter«** gerne von den Bäuerinnen zum Kirchgang mitgenommen. Einzeln oder als Sträußchen ins Gebetbuch gelegt, sorgten sie für Abwechslung in der oft dumpfen Kirchenluft. Eberraute, Frauenminze, Lavendel, Melisse, Minze, Salbei und Ysop gehörten hier dazu.

Lavendel und Eberraute dienten auch als wohlriechende und insektenwidrige Einlagen im Wäscheschrank, und zusammen mit den getrockneten Blütenblättern der Zentifolie und etwas Salz ergaben sie das sogenannte Potpourri, ein beliebtes Räuchermittel, das, auf die heiße Ofenplatte gestreut, im Winter die Zimmer mit einem feinen, angenehmen Duft erfüllte. Mischungen mit Kümmelsamen oder Wacholderbeeren erfüllten denselben Zweck.

Für die Gesundheit

Viele aromatische Pflanzen dienten als Körperpflegemittel. So schränkte man mit Salbeitee übermäßigen Schweiß ein oder benutzte ihn als Gurgelwasser bei Mundgeruch. Lavendelöl, -geist oder -essig wurde als Riech- und Einreibemittel verwendet. In ähnlicher Weise fanden noch mehrere Gartenpflanzen teils als **Bäderzusatz**, teils als Umschläge Verwendung, so die Krause Minze und die Pfefferminze, die Melisse, der Majoran, der Fenchel und der Thymian. Letzterer wurde auch zum Baden schwacher Kinder verwendet, um sie zu kräftigen.

Einen überreichen Blütenflor in hellem Gelb liefert die Färber-Waid. Fast vergessen ist heute, dass aus ihren Blättern blauer Farbstoff gewonnen wurde.

Maiglöckchen, Edelweiß, Veilchen, Rosen und Reseden als Schmuck verwendet.

Gegen Insekten

Manche Kräuter des Bauerngartens spielten bei der weitverbreiteten **Bienenhaltung** eine Rolle. Beispiele sind die Melisse, mit der man die Bienenstöcke ausrieb, in die ein neuer Schwarm einziehen sollte, und der Baldrian, der die Bienenstöcke vor Raubbienen schützen sollte. Vielerorts bestrich man die Bienenstöcke mit gestoßenem Fenchelkraut, damit die Bienen beim Stock blieben und sich nicht verflogen. Auch andere stark duftende Pflanzen wie Minze oder Quendel wurden zu diesem Zweck verwendet. Offenbar glaubte man, dass der Duft der Kräuter die Bienen bei ihrem Stock halte. Andere Gewächse wiederum waren nützlich zum Vertreiben von **Ungeziefer**. So der Holunder, dessen intensiver, strenger Geruch lästige Fliegen und Mücken abhält. Oder der Eisenhut, dessen giftige Knolle in wässriger Lösung gegen allerlei Getier angewendet wurde.

Schutz vor Hexen und anderem Unbill

Kräuter, von denen man glaubte, dass sie bösen Zauber abwehren, wurden häufig als **»Beruf- oder Beschreikräuter«** bezeichnet. Vor allem kleine Kinder sollten diesem »Berufen« ausgesetzt sein, und sehr häufig galten auch Krankheiten als »beschrien«. Durch die

Zum Reinigen der Zähne dienten Salbeiblätter, zur Stärkung des Haarbodens ein Rosmarinaufguss, und zum Braunfärben der Haare verwendeten die Mädchen einen Absud des Buchs. Ein Lavendelbad vertrieb die Läuse, und der Saft der Hauswurz verlieh eine reine Haut. Der ausgepresste Saft des Schöllkrauts war angezeigt bei Warzen, Sommersprossen und Hühneraugen. Und Absud von Alant galt als Mittel gegen Krätze und Hautausschlag. Gegen Milchschorf der Kinder halfen Abkochungen von Stiefmütterchen, beim trockenen Grind der Essigsud der Klette. Von Läusen befallene Kinderköpfe rieb man mit in warmer Butter zerkochten Ritterspornsamen ein, die deshalb auch »Läusekörner« genannt wurden. Auch mit Anisöl, dem Saft der Herbstzeitlosen, Tabaksud oder dem Saft des Pfaffenhütchens versuchte man, der einst sehr häufig vorkommenden Parasiten Herr zu werden.

Pflanzen, die als **Körperschmuck** Verwendung fanden, gibt es nicht viele. Die Nelke ist wohl die bekannteste. Von den Männern wurde sie zu besonderen Anlässen auf dem Hut getragen, die Weiberleute trugen sie am Mieder oder am Schürzenband. In manchen Gegenden wurden auch Edelraute,

Die Samenstände der Pfingstrose sollten Kinder vor bösem Zauber schützen.

Anwendung verschiedener Pflanzen konnten die Kinder davor bewahrt oder auch davon erlöst werden. So galt das Umhängen von sogenannten Kinderkorallen, das waren aufgereihte Samen der Pfingstrose, als vorbeugende Maßnahme. Das Waschen mit einem Absud von Sumpfgarbe, Frauenflachs, Dürrwurz, Kreuzkraut, Heideziest und Berufkraut diente als Mittel zum Aufheben des Zaubers.

Neben diesen »Beschreikräutern« gab es dann noch einige Gehölze, die als **»Zauberpflanzen«** fungierten und somit eine besondere Stellung einnahmen. Die Hasel und der Holunder, der Sadebaum und der Wacholder gehörten dazu. Aus dem Haselzweig schneidet man noch heute die »Wünschelrute«, mit der man ehemals nicht nur Wasseradern, sondern auch verborgene Schätze entdecken zu können glaubte.

Der Holunder galt schon in uralter Zeit als Sitz eines guten, dem Menschen wohlgesonnenen Geistes. Sein Verletzen oder gar Umhauen wagte man nicht. Beim Sadebaum schließlich war man der Überzeugung, dass er gut sei gegen alles Böse in Haus und Stall.

Die gleiche mächtige Kraft wurde auch dem Wacholder zugeschrieben, und der Volksmund sagte: *»Eichenlaub und Krannewitt (Wacholder), dies mag der Teufel nit.«* So war Wacholder Hauptbestandteil bei Räucherungen, ja sogar der Rührstock des Butterfasses war oft aus Wacholderholz gefertigt, damit das Ausbuttern gelinge. Dass ein auf den Hut gestecktes Wacholderreis den Wanderer vor dem Wundgehen schütze, dürfte wohl ebenfalls auf die vermeintlich antidämonische Wirkung dieses Strauches zurückgehen.

Unter der Bezeichnung **»Gewitterpflanzen«** seien schließlich all die Gewächse zusammengefasst, die nach altem Volksglauben den Blitz bzw. das Gewitter abwehren oder auch anziehen. Die zwei bedeutendsten hierbei waren sicherlich die Hauswurz und die Hasel. Die Hauswurz, deren Anbau bereits im »Capitulare« Karls des Großen empfohlen wird, trägt auch den Namen »Donnerwurz«. Wie sie aber zu ihrem Ruf kam, Blitze abwehren zu können, ist leider nicht bekannt.

Bei der Hasel, die vor allem in katholischen Gegenden als Blitz abwendende Pflanze gesehen wurde, erklärt dies eine alte Legende, nach der einst die Mutter Gottes mit dem Jesukind bei einem Gewitter Schutz unter diesem Strauch fand; seitdem sei die Hasel

Auch wenn man nicht an die Wirkung der Hauswurz glaubt, kann das Sammeln der vielgestaltigen Gattung zur Leidenschaft werden.

für alle Zeiten gesegnet. Zu den Gewitter anziehenden Pflanzen gehörten je nach Gegend die Alpenrose, die Kartäusernelke, das Wiesenschaumkraut, der Enzian, der Ehrenpreis und die Feuerlilie. Diese durften keinesfalls ins Haus gebracht werden.

Für und wider die Liebe

Im täglichen Leben kannte man seit alters her auch Pflanzen mit **aphrodisischer Wirkung** und wandte sie auch an, was überlieferte Sprüche belegen. Sellerie und Petersilie waren die bekanntesten, und ein Vers dazu lautet: *»Petersilie hilft dem Mann auf's Pferd, den Frauen unter die Erd.«* Auch Akelei, Bohnenkraut, Hauswurz, Pfefferminze, Salbei, Spargel und Zwiebel wurden, der alten Literatur entsprechend, einst als Aphrodisiaka genutzt.

Ebenso wie über die anregenden Mittel wusste man im Volk freilich auch über Verhütungsmittel und **Abortiva** Bescheid. »Kinderdoad« oder »Mägdebaum« als Beinamen für den Sadebaum sind Zeugnis für seine einstige Verwendung. Es wurden auch noch etliche andere Pflanzen zu diesem Zweck benutzt, oft mit tragischem Ausgang für die Anwenderin. Rosmarin, auf den schon in den Hochzeitsbräuchen hingewiesen wurde, ist sicherlich das bekannteste. Ebenso wurden aber auch Beifuß, Wermut, Raute, Seidelbast, Christrose, Schlehe und die Haselwurz als **»Verhütungsmittel«** von den Frauen in ihrer Not verwendet.

Der Sadebaum

Hinten, im Winkel alter Bauerngärten, wächst oft ein Gehölz, das mit seinen düsteren, dunkelgrünen Zweigen einen fast unheimlichen Eindruck macht. Es ist der Sadebaum *(Juniperus sabina)*, ein Nadelgehölz, das in naher Verwandtschaft zum Wacholder *(Juniperus communis)* steht. Mancherorts wird er auch als »Stinkwacholder« bezeichnet, da beim Zerreiben seiner Nadeln unangenehmer Geruch frei wird. Im Bayerisch-Österreichischen wurde aus dem Sadebaum ein »Segenbaum«, was wohl nicht nur auf den Dialekt, sondern auch darauf zurückzuführen ist, dass er in dieser Gegend statt des Buchses für den Palmbuschen in der Kirche verwendet wurde. Andernorts trifft man dagegen auf die Bezeichnungen »Kinderdoad«, »Jungfernrosmarin« oder auch »Mägdebaum«. Diese Beinamen sind Zeugnisse seiner einstigen Verwendung. Als Verhütungsmittel oder Abortivum wurde der Sadebaum neben einigen anderen Pflanzen wie zum Beispiel Rosmarin, Seidelbast, Wermut, Raute und Haselwurz von den Frauen mangels anderer verfügbarer Methoden gebraucht. Das in den Zweigspitzen enthaltene ätherische Öl mit dem äußerst giftigen Sabinen verursachte neben Übelkeit und blutigen Durchfällen auch starke Gebärmutterkrämpfe und führte bei vielen Frauen schließlich sogar zum Tod.

In der neueren Zeit ist der Sadebaum nach und nach aus den Bauerngärten verschwunden. Man kann ihn auch nicht mit gutem Gewissen zur Anpflanzung im Garten empfehlen, zumal er obendrein als Zwischenwirt des Birnengitterrostes fungiert, der die Birnbäume sehr schädigt. Oft wird er durch Wacholder oder Eibe ersetzt, doch kann man im Bauerngarten getrost auf Koniferen verzichten, ohne Einbußen seiner Ausdruckskraft befürchten zu müssen.

Alte Bauernregeln

Eine große Anzahl von Bauerngartenpflanzen findet sich auch in den alten, überlieferten Bauernregeln wieder, die einst aus Erfahrungen, oft aber auch aus purer Lust am Reim entstanden sind. Viele dieser Regeln beinhalten Aussagen über die Witterung, Aussaat- und Erntezeiten. Meist sind sie in einer bestimmten Gegend entstanden und nicht ohne Weiteres übertragbar. Auch Änderungen im Kalender (Julianischer Kalender–Gregorianischer Kalender, Umlegung von Heiligenfesten) bringen Unklarheit in ihre Aussage. Einige wenige Beispiele müssen hier genügen, weitere finden Sie im Kapitel »Arbeiten im Jahreslauf« bei den einzelnen Monaten.

»*An St. Gertrud* (17.3.) *ist es gut, wenn in die Erd' die Bohn'* (Puffbohne) *man tut.*« – Gertud galt als der »Stichtag« für den Beginn der Gartenarbeit.

»*Benedikt* (21.3.) *macht die Zwiebeln dick.*« – An Benedikt mussten die Zwiebeln gesät werden.

»*Tritt auf Johanni* (24.6.) *Regen ein, so wird der Nusswachs nicht gedeih'n.*« – Die Nüsse sind durch den Regen im Sommer besonders der Gefahr des Pilzbefalls ausgesetzt.

»*Wenn Simon Judä* (28.10.) *schaut, pflanze Bäume, schneide Kraut.*« – Es ist an der Zeit, das letzte Gemüse zu ernten, da ab November mit dem Wintereinbruch zu rechnen ist.

Aufgetischt – Gaumenfreuden aus dem Bauerngarten

Hauptsächlich wurden die Pflanzen des Bauerngartens natürlich in der Küche verwendet. Frisches Obst und Gemüse sowie frische Kräuter bereicherten den oft dürftigen Speisezettel, der überwiegend aus Mehlspeisen bestand. Fleisch gab es nur an Festtagen. Mangels Gefriertruhe konnte es nicht gut bevorratet werden.

Zur Konservierung der Ernte ließ man sich alle möglichen Methoden einfallen. Die einfachste war das **Dörren**. Gewürz- und Teekräuter, Apfel- und Birnenspalten, Hagebutten und Holunderbeeren, Zwetschgen und Nüsse, aber auch einige Gemüsearten wie Erbsen, Bohnen und Pilze wurden getrocknet – entweder auf Horden ausgelegt auf dem Dachboden oder aber nach dem Brotbacken durch die Restwärme im Backofen. Kleinere Mengen dörrte man in der Stube am Kachelofen oder am Herd in der Küche. Die getrockneten Gaben des Sommers wurden in Säckchen, Dosen oder Gläser gepackt und als Wintervorrat aufbewahrt.

Vom Beet in die Küche – diese beneidenswerte Frische kennt nur, wer einen Garten hat.

Kletzenbrot

Zutaten:
625 g Kletzen (gedörrte Birnen)
125 g getrocknete Zwetschgen
200 g Weinbeeren (Rosinen)
250 g getrocknete Feigen oder
   Mispeln
100 g Zitronat und Orangeat
200 g Nüsse (ganz)
Obstler zum Tränken
gemahlene Nelken, Zimt,
   Anis, Piment
dazu einen Hefeteig aus
   etwa 500 g Mehl

Zubereitung: Kletzen über Nacht einweichen. Übrige Früchte im Kletzenwasser quellen lassen und anschließend alles gut klein schneiden und dann mit Obstler tränken. Zwei Drittel des Hefeteiges mit den hergerichteten Zutaten vermischen und gut durchkneten, dann einige Stunden gehen lassen. Wenn die Kletzenteigmasse gut aufgegangen ist, aus dem restlichen Hefeteig etwa fünf Flecken auswalken. Eine Portion Kletzenteigmasse darauflegen, gut einhüllen und mit Eigelb bestreichen. Bei Mittelhitze gut eine Stunde backen.

Das Kletzenbrot ist eines der ältesten Weihnachtsgebäcke. Es versüßte die lange Winterzeit.

Dass Salz gut konserviert, weiß man schon lange. Vor allem Kräuter, aber auch Gemüse können durch **Einsalzen** haltbar gemacht werden. Das Verhältnis von Kräutern zu Salz soll hierbei in etwa 4:1 betragen, um eine ausreichende Haltbarkeit zu erreichen. So werden für 100 g Kräuter 25 g Salz benötigt.

Salzgurken

Zubereitung: Kleine Gurken waschen und bürsten und in ein Steingutgefäß schichten. Dazwischen kommen Gewürze wie Dill, Borretsch und Pfefferkörner. Mit einer Salzlösung (5 Liter Wasser, eine Handvoll Salz), die man aufkocht und wieder erkalten lässt, aufgießen. Das Fass mit dem Holzdeckel verschließen und mit einem Stein beschweren. Nach etwa 10 Tagen die Salzlösung abgießen, aufkochen und erkaltet wieder über die Gurken geben. Nach weiteren 14 Tagen wiederholt man das Ganze.

Auch Essig hat eine konservierende Kraft. Er lässt keine Fäulnis, keinen Schimmel und keine Gärung aufkommen. Das süßsaure Einlegen von Obst und Gemüse in großen Steintöpfen oder Gläsern war bei den Bäuerinnen sehr beliebt und wurde oft in großem Umfang praktiziert. Bis heute gehalten hat sich das **Einlegen** von Kräutern **in Essig**. Sie geben ihre Geschmacksstoffe an die Lösung ab, und der entstandene Kräuteressig verleiht jedem Salat eine individuelle Note.

Essigzwetschgen

Zubereitung: Noch nicht ganz reife Zwetschgen entstielen, in den geschwefelten Steintopf geben. Kochenden Sud (1 Liter 4%iger Essig, 1 kg Zucker, 10 Nelken, 5 Pimentkörner, 1 Stange Zimt) über die Früchte gießen. Am zweiten Tag den Sud abgießen, aufkochen und alles wieder über die

Zwetschgen geben. Am dritten Tag die Lösung 15 – 30 Minuten einkochen, dann erst über das Obst geben. Nach dem Erkalten zubinden.

Fast in Vergessenheit geraten ist die Möglichkeit, Gemüse aus dem eigenen Garten **milchsauer einzulegen**. In großen Fässern wurde früher der Sauerkrautvorrat für den ganzen Winter eingestampft. Auch Speiserüben, Rettich, Pastinaken, Gelbe und Rote Rüben wurden auf diese Weise haltbar gemacht. Die Milchsäure verhindert die Vermehrung unerwünschter Mikroorganismen und gewährleistet eine lange Haltbarkeit. So sorgte diese einfache, natürliche und äußerst schonende Methode für eine ausreichende Vitaminversorgung während der Wintermonate. Da natursaueres Gemüse zu den gesündesten Lebensmitteln zählt, sollte diese Methode der Haltbarmachung wieder neu entdeckt werden.

Milchsaure Rüben

Zubereitung: Die geputzten und gewaschenen Speiserüben nicht zu fein raspeln oder streifig hobeln. Mit Salz (1 Esslöffel auf 1 kg Rüben) und etwas Kümmel vermengen. In einen Steinguttopf geben und gut einstampfen, bis sich Flüssigkeit bildet. Dann mit Krautblättern oder einem Leinentuch abdecken, das Holzbrett auflegen und mit dem Stein beschweren. Etwa drei Wochen gären lassen.

Quitten lassen sich äußerst vielseitig nutzen: Likör, Gelee und Quittenbrot bringen ihren ganz eigenen Charakter gut zur Geltung.

Selbstverständlich wurde auch eingekocht. Zu **Kompott** oder **Marmelade** verarbeitet, versüßte das Obst die kalten, langen Winter, der **Saft** von Holunderbeeren stärkte in kranken Tagen. Gefüllte Vorratskammern waren der Stolz jeder Bäuerin. Zeigte sich doch hier, dass sie es verstand, die Gaben der Natur zu nutzen und zu verwerten. Allmählich kommt es wieder in Mode, sich eigene Vorräte anzulegen. Und schmeckt nicht selbst gemachtes Quittengelee besser als alles, was unter dem Namen Gelee in den Läden angeboten wird?

Quittenbrot

Zutaten:
1 l Quittenbrei (»Abfall« aus der Saftgewinnung)
1 kg Zucker
nach Belieben Gewürze wie Zitrone, Ingwer, Zimt, Nelken

Zubereitung: Quittenbrei dick einkochen, nach und nach Zucker zugeben und weiterkochen, bis die Flüssigkeit verdampft ist. Dünn auf ein geöltes Blech streichen und am Kachelofen trocknen lassen. Ist die

Masse fest, in Rauten schneiden und in Zucker wälzen. Gut nachtrocknen lassen und dann in Dosen aufbewahren. Ein leckeres Weihnachtskonfekt.

Holunderbeersaft

Zubereitung: Reife Beeren des Schwarzen Holunders werden von den Stängeln befreit und in Wasser langsam erhitzt, bis sie platzen. Auf 1 kg Beeren nimmt man etwa 1 Liter Wasser. Den Saft durch ein Tuch seihen, pro Liter etwa 300 g Zucker hinzufügen und kurz aufkochen. Sofort in Flaschen abfüllen, die man gut verschließt.

Manche wussten um die Kunst des Mostens oder gar des Schnapsbrennens und veredelten so die reiche Ernte des Sommers. Auf alten Bauernhöfen findet man in Kellergewölben oder auf dem Dachboden zuweilen noch wunderschöne Glasballone in allen Größen. Sie zeugen von der Most- und Weinbereitung, für die jedoch nie die Bäuerin, sondern stets der Bauer selbst zuständig war – ebenso wie für das Schnapsbrennen, das ausschließlich in der Hand des Bauern lag. Vorzügliche Destillate entstanden nach geheimen, von Generation zu Generation vererbten Rezepten. Jeder Hausbrand hatte seine eigene typische Note und galt quasi als beste Medizin. Lediglich Ansatzschnäpse oder Liköre bereitete die Bäuerin zu und genehmigte sich zu besonderen Anlässen ein Glaserl davon.

Johannisschnaps

Zubereitung: Um Johanni (24.6.) 10 grüne Nüsse ernten, samt Schale zerkleinern und mit 1 Liter Obstbrand oder Korn aufgießen. 1 Stange Zimt, 3–5 Nelken, Zitronen oder Orangenschale dazugeben und gut durchschütteln. Das Ganze in einer gut verschlossenen Flasche an einem sonnigen Platz ca. zwei Monate durchziehen lassen, abseihen und weitere drei Monate dunkel und kühl gelagert ausreifen lassen, dann ist er genau zu Winterbeginn fertig.

Heißer Holunderbeersaft, 1:1 mit Wasser verdünnt, wirkt bei Erkältungen wahre Wunder.

Spezielle bayerische Bauern-schmankerl

Wichtig im kargen Alltag der Bauern war, dass der Hunger gestillt wurde. Und der war groß. Viele »Mäuler« waren zu stopfen, denn zahlreiche Kinder und Dienstboten lebten auf den Höfen. An Werktagen wurden hauptsächlich Mehl- und Kartoffelspeisen aufgetischt, die oft zusammen mit Brühen, Soßen oder auch Eingewecktem gegessen wurden. Deshalb zu guter Letzt hier auch einige einfache Gerichte mit Zutaten aus dem Bauerngarten, die einst alltäglich waren, heute aber leider fast keiner mehr kennt. Im Bayerischen waren das zum Beispiel das »Siaße Kraut«, der »Erdäpfelkas«, der »Ruamdauch«, die »Krenbrüa« und noch viele, viele andere. Erfinderisch war manche Bäuerin in der Zubereitung des geernteten Obstes und Gemüses, und seltsam mutet uns inzwischen so manches Rezept an. Bewährtes wurde aber auch hier an die Kinder und Kindeskinder weitergegeben. So haben sich einige Rezepte bis in die heutige Zeit überliefert.

Für'n Hunger

Krautnudeln

Zubereitung: Aus ½ Pfund Mehl einen Nudelteig herstellen und daraus streifige Nudeln kochen. 3–4 Zwiebeln klein schneiden, in Schmalz schön bräunen lassen und dann ein Pfund Sauerkraut dazugeben, ebenso die Nudeln. Gut durchmischen und abschmecken.

»Ransch«

750 g Kartoffeln
³/4 l dick gewordene
    Frischmilch
3 Eier
100 g Mehl
Salz und Kümmel

Zubereitung: Kartoffeln reiben und gut ausdrücken. Dann alle Zutaten zu einem Teig verrühren. In eine gefettete Reine geben und backen. Das schmeckt im Herbst gut zu einer frischen Schwammerlbrühe.

»Erdäpfelkas«

Zutaten:
750 g Kartoffeln
200 g saure Sahne
200 g süße Sahne
1 Zwiebel, gehackt
Salz und Kümmel

Zubereitung: Kartoffeln kochen, abschälen und durchpressen. Mit saurer und süßer Sahne verrühren. Mit Zwiebeln, Salz und Kümmel abschmecken und zu knusprigem Bauernbrot reichen.

»Bruckprügel«

Zubereitung: Ein Pfund Kartoffeln am Vortag kochen. Dann schälen und reiben, eine Handvoll Mehl und zwei Eier dazugeben, gut salzen und rasch zu einem Teig kneten. Striezel formen, quer in eine ausgefettete Bratreine legen und mit Schmalz bestreichen. Mit dickem saurem Rahm übergießen und im Rohr goldgelb backen.

»Siaß' Kraut«

(Gedünstetes Weißkraut)

Zubereitung: Einen Weißkrautkopf fein schneiden oder hobeln. Eine in Würfel geschnittene Zwiebel in Butter glasig andünsten, das Kraut dazugeben. Mit Salz, Pfeffer, Kümmel, Essig und reichlich Zucker würzen. Ca. ½ Liter Wasser aufgießen. Das Ganze eine gute Stunde garen lassen. Zum Schluss mit Mehl stauben und noch mal gut verrühren.

Zum »Eintunken«

»Krenbrüa«

(Meerrettichsoße)

Zubereitung: Meerrettich putzen, waschen und fein reiben. Helle Einbrenne herstellen, Meerrettich zugeben und mit Brühe aufgießen. Je nach Schärfe des Krens 5–10 Minuten durchkochen. Mit Salz und Zucker abschmecken und mit einem Schuss Sahne verfeinern.

»Ruamdauch«

(Rübensuppe zum Eintunken)

Zubereitung: Die kleinen festen Rüben werden abgeschabt, gewaschen und mit etwas Fett oder Butter und Fleischbrühe weich gedünstet. Hin und wieder kann man statt Fleischbrühe etwas Bier nachgießen. Sind sie gut weich, so gibt man sie in braune Soße (»Einbrenn«) und lässt sie gut aufkochen. Darin werden Schmalznudeln (Schucksen) eingetaucht.

»Rote-Rannen-Suppe«

Zubereitung: Rote Rüben und die doppelte Menge Kartoffeln schälen und klein schneiden und in Brühe garen, bis eine sämige Suppe entsteht, anschließend pürieren. Je nach Geschmack Koriander, Kümmel oder Meerrettich dazugeben. Mit saurem Rahm, Salz und Pfeffer abschmecken.

Ganz 'was B'sonders

Nicht nur optisch ein Volltreffer: Das Rote-Rüben-Gemüse aus der Gänsefußfamilie hat auch einen günstigen Einfluß auf das Immunsystem.

Glasierte Maronen

Zubereitung: Esskastanien über Kreuz einschneiden, in der heißen Röhre etwa ¼ Stunde unter öfterem Schütteln erhitzen, bis sich die Schale ablöst. Kastanien schälen und häuten. Zucker in einer Pfanne zu Karamell bräunen, Kastanien zugeben und darin wenden. Mit Brühe aufgießen und bei mäßiger Hitze gar dünsten. Nicht rühren, nur schütteln, damit sie ganz bleiben. Ist die Flüssigkeit eingekocht und die Kastanien weich, Butter zugeben und durchschwenken, dass sie braun und glänzend aussehen. So zubereitet sind Maronen eine interessante Beilage zu Wildgerichten, aber auch zu Gans oder Ente.

Rosmarinwein

Zubereitung: Eine Handvoll Rosmarinnadeln mit einer Flasche Wein übergießen und 1–2 Wochen stehen lassen, danach abseihen und in die Flasche zurückfüllen. Täglich ein Gläschen bei Kreislaufbeschwerden trinken.

Hollersirup
(Holundersirup)

Zutaten:
ca. 20 Holunderblütendolden
1 l Wasser
500 g Zucker
15 g Zitronensäure
2 Zitronen

Zubereitung: Wasser und Zucker aufkochen, abkühlen lassen und die Zitronensäure darin auflösen. Zitronen in dünne Scheiben schneiden und zusammen mit den Holunderblüten in ein Gefäß geben. Mit dem Zuckerwasser übergießen und abgedeckt an einem kühlen Ort etwa 5–7 Tage ziehen lassen. Sirup abseihen, in

Flaschen füllen und kühl lagern (für längere Lagerung sterilisieren). Zum Trinken mit kaltem oder heißem Wasser ca. 1:4 verdünnen. Dieses ungewöhnliche Getränk ersetzt bei Kindern die Limonade. Mit Sekt aufgegossen ergibt es einen erfrischenden Aperitiv, passend zur Jahreszeit.

Gänsefülle

Zubereitung: Etwas Gänsefett, zwei Eier, eine Tasse geschnittene Semmeln, ½ Tasse gemahlene Nüsse, gehackte Beifußblätter, Magen und Herz der Gans (klein geschnitten oder durchgedreht), Salz und Pfeffer zu einer bindigen

Masse verarbeiten und die Gans damit füllen.

’was Siaß

Kandierte Angelikastängel

Zubereitung: Stängel und Blattadern der Engelwurz waschen und in daumenlange Stücke schneiden; werden auch die intensiv schmeckenden Wurzeln verwendet, sollen sie etwa 5 Minuten vorgekocht sein. Die Stiele kurz in heißem Wasser blanchieren, wie beim Rhabarber die faserige und leicht bittere, äußere Schicht abschälen, nochmals kurz eintauchen, bis die Stängel leuchtend grün schimmern. Gut abtropfen lassen und wiegen. Dann etwa die gleiche Menge Zucker – Experimente mit Menge und Zuckerart sind möglich – mit einem Drittel der Menge Wasser unter Rühren zu Sirup aufkochen. Diesen über die Stängel (Wurzeln) gießen und gut vermengen. Über Nacht stehen lassen. Am nächsten Tag wird der Sirup leicht verwässert sein; im offenen Topf wieder aufkochen und erneut über die »Halbfertigware« gießen. Dieser Vorgang kann nun mehrmals wiederholt werden, bis der Sirup aufgesogen bzw. verkocht ist. Leider verschwinden die meisten Bonbons schon während ihrer Herstellung in dunklen Kanälen. Im offenen Ofenrohr bei unter 50 °C die kandierten Stängelstücke ausgiebig trocknen. In Blechdosen

So ein Festtagsbraten will verdaut werden. Kräuter wie Beifuß und Co. helfen dabei.

zwischen Pergamentpapier aufbewahren. Ein hervorragendes Mitbringsel.

»Hollerkiachl«

Zubereitung: Saubere Holunderblütendolden in einen guten Pfannkuchenteig tauchen und in schwimmendem Fett hell und kross ausbacken. Nach dem Abtropfen mit Puderzucker bestäuben oder mit Zimt und Zucker bestreuen.

Gebratene Zwetschgen

Zubereitung: Etwa zwei Pfund gut reife Zwetschgen halbieren und in eine Bratreine geben. Mit einem Liter Milch übergießen und im Rohr etwa eine Stunde braten. Mit Zucker und Zimt bestreut anrichten. Schmeckt heiß oder kalt wunderbar.

»Zwetschgen-bavesen«

Zubereitung: Gedörrte, entsteinte Zwetschgen durch den Wolf drehen und zu einer geschmeidigen Masse verrühren. Alte Semmeln in fingerdicke Scheiben schneiden und mit dem Mus bestreichen. Eine zweite Scheibe darauflegen und gut andrücken. In verquirlten Eiern wenden und in heißem Fett schwimmend ausbacken. Abtropfen lassen und mit Zimt und Zucker bestreuen.

Eine wahre Frühsommerleckerei! Die Holunderblüte darf nicht verpasst werden.

»Zwiefelzejtl«

Zubereitung: Aus ½ Liter Wasser und einer großen Zwiebel einen Sud herstellen (ungefähr ½ Stunde kochen lassen). Ist er bloß noch die Hälfte, ein Pfund Zucker dazugeben. Nicht umrühren! Die Masse ½ Stunde weiterkochen, bis sie braun ist und Fäden zieht. Dann in eine gefettete Reine gießen. Abgekühlt in kleine Stückchen schneiden oder brechen. In Cellophantütchen verpackt ein schönes Geschenk.

143

Arbeiten im Jahreslauf

Alte und neue »Bauernweisheiten«

Im folgenden **Arbeitskalender** werden die wichtigsten Arbeiten im Bauerngarten im Jahreslauf kurz aufgeführt, um einen Überblick zu geben, was wann zu tun ist. Bei einigen Arbeiten ist es schwierig, sie genau einem bestimmten Monat zuzuordnen, da die Vegetation witterungsbedingt nicht jedes Jahr zur selben Zeit gleich weit fortgeschritten ist.

In früheren Zeiten hielten sich die Bäuerinnen auch nicht an irgendein Datum, sondern beobachteten die Natur. Blühte etwa das Schneeglöckchen, so war der Frühling nicht mehr weit, blühte die Linde, war der Sommer in Hochform. Solche Wegweiser führten die Menschen durch das Auf und Ab des Jahres in der Natur. Auch hielten sie sich an Bauernregeln.

Überliefertes Wissen

In den meisten alten überlieferten Bauernregeln liegt das Wissen von Generationen, und viele bringen in oft überraschender Weise Jahreszeit, Witterung und Pflanzen miteinander in Bezug. So ist es interessant, den Jahreslauf auch in den Bauernregeln zu verfolgen. Wichtig zu wissen dabei ist, dass die meisten einen engen, lokalen Bezug hatten, der mit der Zeit bei der Überlieferung außer Sicht geraten ist. Und nicht zuletzt muss man einfach feststellen, dass sich der Witterungsverlauf eines Jahres in den letzten Jahrzehnten gegenüber früher doch stark verändert hat. Eine gewisse Klimaveränderung ist sicherlich nicht mehr von der Hand zu weisen.

Mit Geduld ...

Die erfolgreiche Bewirtschaftung eines Bauerngartens erfordert eine Menge Erfahrung. Viel aus ihrem Erfahrungsschatz über Fruchtfolge, Düngerwirtschaft und Mischkultur gab die Bäuerin einst an ihre Töchter, Schwiegertöchter weiter bzw. erlernten die Mädchen diese Dinge – learning by doing – von ihrer Kindheit an. Heutzutage muss man sich »Gärtnerwissen« durch Lektüre von Büchern und Zeitschriften erst aneignen, um Zusammenhänge in der Natur zu erkennen und um nicht an den ersten auftretenden Schwierigkeiten zu scheitern und die Lust am Gärtnern zu verlieren. Geduld ist hier angesagt. Geduld mit sich selbst und mit der Natur. Auch hat sich in der Bewirtschaf-

tung eines Gartens im Laufe der Zeit das eine oder andere geändert. Stand früher durch die Viehwirtschaft der Bäuerin jede Menge Mist zur Verfügung, den sie im Herbst großzügig auf den Beeten verteilte und einarbeitete, so ist heutzutage guter Rindermist selbst auf dem Land – aufgrund des Rückgangs des Milchviehs – Mangelware. Dafür gibt es Kompost. Den wiederum kannte die Bäuerin früher nicht, weil alles, was irgendwie weggeworfen wurde und verrottbar war, auf dem Misthaufen landete.

... und Mischkultur

Ein Komposthaufen im Bauerngarten? Fehlanzeige. Biologische und ökologische Aspekte haben in den vergangenen Jahren in der Gartenbewirtschaftung an Bedeutung gewonnen. Und so können durchaus auch neuere Methoden in den Bauerngarten Einzug halten. So wird die Mischkultur, die zurzeit so sehr propagiert wird, im Bauerngarten seit jeher in irgendeiner Form praktiziert. Sie berücksichtigt die unterschiedlichen Nährstoffbedürfnisse und das Wuchsverhalten der Pflanzen. Durch geschickte Kombination

Es gibt viel zu tun, aber hier macht Gartenarbeit richtig Spaß. Schönes und Nützliches ziert das Regal, ein Pflanztisch lädt zum »Werkeln« ein.

verschiedener Pflanzenarten können potenzielle Schädlinge und Krankheitserreger abgewehrt sowie Ertrag und Qualität beträchtlich gesteigert werden. Durch Duftstoffe und Wurzelausscheidungen können sich Pflanzen gegenseitig fördern und zugleich gegen manchen »Gegner« schützen. Konsequenter Mischkulturanbau in Abstimmung mit dem Fruchtwechsel ist sicher etwas für den Tüftler unter den Bauerngartenfreunden. Ein jährlicher Pflanzplan gehört ebenso dazu wie eine Menge Praxiserfahrung. Aber es ist durchaus machbar. Zum Abschluss der Gartensaison empfiehlt man heutzutage, eine Gründüngung auszusäen. Mit ihr

lassen sich schwere Böden lockern und leichte Böden mit organischer Masse anreichern, sodass nach und nach das Bodenleben aktiviert wird und ein geregelter Wasser- und Lufthaushalt sowie eine natürliche Nährstoffversorgung der Pflanzen gewährleistet sind.

Im zeitgemäßen, biologischen Garten wird auch darauf geachtet, dass bloßer Boden nie offen daliegt. Zum Schutz vor Austrocknung oder Verschlämmung und zum Wohle der Bodenlebewesen wird gemulcht: Mit Laub, Stroh, getrocknetem Grasschnitt, Ernterückständen usw. werden freie Stellen am Beet abgedeckt. Zugegeben – am Anfang ein etwas

ungewöhnlicher Anblick, aber sehr praktikabel.

Zu guter Letzt doch noch ein Wort zum Kompost – ein Zauberwort in den Ohren des Gärtners und der Schlüssel zu dauerhaft fruchtbarem Boden. Die Rückführung aller in Haus und Garten anfallenden organischen Materialien und ihre Wiederverwertung über den Kompost ist ein Muss im ökologisch bewirtschafteten Garten. Dem Boden wird mit dem Kompost zurückgegeben, was ihm beim Ernten an anderer Stelle weggenommen wurde. Der Kreis schließt sich sozusagen, und auf mineralischen Dünger kann verzichtet werden, ganz wie im Bauerngarten üblich.

Frühling: Starten im Garten

Schneeglöckchen sind die Symbol-pflanzen für den Beginn des Frühlings, und ihnen ist es egal, ob der offizielle Frühlingsbeginn, der 21. März, schon da ist. Die Tage werden wieder länger und nach der kalten Winterzeit kribbelt es richtig in den Fingern. Man möchte endlich hinaus und das Gartenjahr beginnen. Zu lang war die Zeit ohne frisches Grün, welches in früheren Zeiten noch viel wichtiger war als heute, wo in den Geschäften ganzjährig das volle Obst- und Gemüsesortiment angeboten wird. Aber auch die Gärtnerin von heute freut sich nun wieder auf den ersten eigenen Salat.

Februar

»Welken die Schneeglöckchen früh, folgt ein kurzer Sommer.«

- Mistbeet oder Frühbeet herrichten
- Erste Aussaaten im Mist- bzw. Frühbeet vornehmen: Rettich, Radies, Kresse, Schnittsalat, Spinat.
- Erste Jungpflanzen ins Mistbeet setzen: Kopfsalat, Eissalat, Kohlrabi.
- Bei extrem kalter Witterung zusätzliche Abdeckung mit Vlies oder Schilfmatten im Mistbeet.
- Bei warmer Witterung die Kästen ausgiebig lüften.

Jetzt ist es gewiss - der Frühling hält Einzug. Die weißen Blütenkelche des Schneeglöckchens verkünden das Ende des Winters.

März

»Siehst du schon gelbe Blümlein (Huflattich) im Freien, magst du getrost den Samen streuen.«

- Gemüsebeete im Freiland saat- und pflanzfertig vorbereiten, sobald die Oberfläche abzutrocknen beginnt.
- Bei der Bodenbearbeitung nach den Eiern der Schnecken (gallertartige Kügelchen) sehen und gleich vernichten, um einer Plage vorzubeugen.
- Erste Gemüsearten ins Freiland säen: Radies, Spinat, Pastinake, Möhren, Erbsen, Gartenkresse, Schwarzwurzel, Puffbohne.
- Gemüsejungpflanzenanzucht im Haus beginnen: Salat, Kohlrabi, Blumenkohl, Brokkoli, Grünkohl, Lauch, Neuseeländer Spinat, Sellerie, Paprika, Tomaten, Auberginen.
- Alte und zu groß gewordene Stauden aufnehmen, in faustgroße Stücke teilen und erneut auspflanzen.
- Zugekaufte Stauden jetzt einsetzen, um den natürlichen Wachstumsrhythmus zu folgen.
- Stauden- und Kräuterbeete humusieren, d. h. mit feinem Kompost überstreuen.
- Erdbeerbeete bei Bedarf mit Vlies bedecken, um eine frühere Ernte zu erzielen.
- Johannisbeersträucher, Stachelbeeren etc. jetzt auslichten.
- Dahlien vortreiben, um eine frühere und längere Blüte zu erzielen.
- Kübelpflanzen kontrollieren (Ballentrockenzeit, Schädlinge).

April

»Je früher im April der Schlehdorn blüht, desto früher der Schnitter zur Ernte zieht.«

- Erstes frisches Gemüse aus dem Mistbeet ernten.
- ausreichendes Lüften des Frühbeetes nicht versäumen.
- Rhabarber ernten.
- Vorgezogene Gemüsejungpflanzen ins Freiland setzen (vorher Grunddüngung ausbringen): Salat, Kohlrabi, Blumenkohl, Lauch und Sellerie; eventuell mit Vlies oder Folie schützen bzw. verfrühen.
- Schneckenkontrolle nicht vergessen.
- Frühkartoffeln legen.
- Steckzwiebeln stecken.
- Staudenbeete und Beerensträucher düngen.
- Wenn nötig, durchdringend aber selten gießen.
- Verblühte Blüten der Blumenzwiebeln entfernen, um Samenansatz zu verhindern und die Ausbildung der Zwiebeln zu fördern; Laub jedoch in Ruhe vergilben lassen.
- Einjährige Sommerblumen und Kräuter im Haus vorziehen: Fuchsschwanz, Levkoje, Löwenmaul, Vanilleblume, Wicken, Zinnien, Basilikum, Majoran.
- Einjährige Sommerblumen und Kräuter an Ort und Stelle aussäen: Jungfer im Grünen, Kapuzinerkresse, Malve, Ringelblume, Sonnenblume, Borretsch, Dill, Petersilie, Kerbel.
- Buchs, Weinreben, Kiwi etc. jetzt pflanzen.

Kräftige Wurzelstöcke teilt man am besten mit dem Spaten.

Humusieren: Vor dem Austrieb Kompost fingerstark über die Stauden verteilen.

Bald ist er erntereif. Der erste eigene Salat des Jahres kommt aus dem Frühbeet und wird mit Sehnsucht erwartet.

Sommer: Pflege und Hege

*»Pankraz, Servaz und Bonifaz,
die machen erst der Sonne Platz.«*
Ist diese letzte Kältephase des
Frühlings vorbei, kann der Sommer kommen. Die Eisheiligen
(12.–15. Mai) sind jedoch noch
einmal richtig gefürchtet. Da sie
in der Regel Bodenfröste bringen,
sind in dieser Zeit die jungen
Pflänzchen im Garten am stärks-
ten gefährdet.
Dann wird die Sonne jeden Tag
intensiver, und die Tage werden länger. Die Blüte des Holunders und
der Heckenrose leiten unaufhaltsam
den Sommer ein, und die Arbeit
im Garten ist im vollen Gange.

Mai

*»Mai kühl und nass, füllt dem
Bauern Scheun' und Fass.«*

- Nach der Ernte der ersten Früh-
  beetkultur Kastengurken, Papri-
  ka, Buschbohnen, Zucchini ins
  Frühbeet säen bzw. pflanzen.
- Gemüsejungpflanzenanzucht im
  Frühbeet beginnen: sämtliche
  Kohlarten, Sellerie, Salat,
  Knollenfenchel.
- Nach den Eisheiligen vorgezoge-
  ne bzw. zugekaufte Jungpflanzen
  ins Feiland setzen (vorher
  Grunddüngung ausbringen):
  Neuseeländer Spinat, Zucchini,
  Tomate, Paprika, Aubergine,
  Gurken.
- Nach den Eisheiligen direkt ins
  Freiland säen: Buschbohnen,
  Stangenbohnen, Feuerbohnen.

- Frühkartoffeln anhäufeln.
- Zu dicht stehende Saaten verein-
  zeln: Radies, Pastinake, Möhren,
  Schwarzwurzeln.
- Kopfdüngung auf die ersten
  Gemüsekulturen ausbringen.
- Dahlien, Begonien, Gladiolen
  und Montbretien setzen.
- Ebenfalls nach den Eisheiligen
  die vorkultivierten Einjährigen
  und Kräuter auspflanzen.
- Kübelpflanzen ins Freie stellen.
- Schon jetzt Stützen für
  schwachstielige Stauden setzen,
  um ein Umfallen und das oft
  unschöne Aufbinden zu ver-
  meiden.
- Bei Spätfrostgefahr immer Vlies,
  Tücher oder Säcke zur Abdeckung bereithalten.

Juni

*»Kalter Juniregen bringt Wein
und Honig keinen Segen.«*

- Unkraut jäten.
- Auf den Gemüsebeeten mulchen
  oder oberflächlich hacken, um
  die Verdunstung zu verringern
  und das Unkraut zu unterdrü-
  cken.
- Bei Bedarf selten, aber durch-
  dringend gießen, am besten
  abends.
- Laufend Salat, Radies, Spinat,
  Kohlrabi und Kräuter ernten.
- Angezogene Jungpflanzen aus
  dem Frühbeet ins Freie setzen.
- Späte Gemüsearten aussäen:
  Rote Rüben, Mangold,
  Radicchio, Spätkohlsorten.
- Schneckenbekämpfung nicht
  vergessen.
- Tomaten laufend anbinden und
  Geiztriebe entfernen.

»Freu dich, der Sommer zieht ins Land«, will uns die Blüte des Holunders zurufen.

Ein sauberer Schnitt zur richtigen Zeit ist das A und O jeder Hecke.

- Samenstände von Ein- und Zweijährigen wie zum Beispiel Judassilberling, Goldlack, Vergissmeinnicht, Stiefmütterchen usw. ausreifen lassen, sodass sie sich durch Selbstaussaat erhalten können oder damit eigenes Saatgut geerntet werden kann.
- Lebende Hecken aus Liguster, Hainbuche, Kornelkirsche, Buchs o. Ä. schneiden.

Juli

»Nur in der Juliglut wird Obst und Wein dir gut.«

- Wasserversorgung sichern durch Hacken, Mulchen und Gießen.
- Laufende Ernte von Gemüse: Salat, Kohlrabi, Brokkoli, Erbsen, Rettich, Frühkartoffeln.
- Späte Gemüsearten pflanzen: Endivie, Chinakohl.
- Kopfdüngung auf die Gemüsekulturen ausbringen.
- Zweijährige Sommerblumen im Frühbeet aussäen: Bart-Nelke, Fingerhut, Goldlack, Marienglockenblume, Maßliebchen, Stockrose, Stiefmütterchen, Vergissmeinnicht etc.
- Staudenbeete zum letzten Mal düngen.
- Einige Stauden können nun nach der Blüte geteilt und verpflanzt werden: Gämswurz, Margerite, Nelke, Schwertlilie.
- Mit den kräftigsten Ausläufern reichtragender Mutterpflanzen nun neue Erdbeerbeete anlegen.
- Beerensträucher abernten: Stachel-, Johannis-, Him- und Brombeeren.

- Bei Erdbeeren Strohunterlage ausbringen und erste Früchte ernten.
- Besonders gut tragende Erdbeerpflanzen markieren, um von ihnen Ableger für die Neupflanzung zu nehmen.
- Stauden und Beerensträucher düngen.
- Beerensträucher mulchen, um Bodentrockenheit zu verhindern.
- Stauden und Kräuter aussäen: Akelei, Brennende Liebe, Kokardenblume, Lupinen, Eibisch etc.
- Mohn, Rittersporn, Margerite nach der Blüte zurückschneiden, sodass sie erneut durchtreiben und ein zweites Mal blühen.
- Von abgeblühten Stauden wie zum Beispiel Schwertlilie und Pfingstrose die Blütenstängel herausschneiden, um Samenansatz zu verhindern, da dieser die Pflanze schwächt.

Herbst: Ernte gut, alles gut

Wenn die Eberesche reife Früchte trägt, beginnt es langsam zu »herbstln«. Jetzt ist die Zeit zu ernten, was das ganze Jahr über gehegt und gepflegt wurde. Viel Arbeit ist damit verbunden, Obst und Gemüse richtig zu ernten und für den Winter zu bevorraten. Doch der Lohn der Mühen ist einem gewiss, und die Freude, auch im Winter die Schätze des eigenen Gartens genießen zu dürfen, ist groß.

Weithin leuchten die orangen Früchte der Eberesche im Spätsommer. Im Winter dienen sie den Vögeln als wertvolle Nahrung.

August

»Laurentius (10.8.) heiter und gut, einen schönen Herbst verheißen tut.«

- Laufende Ernte von Gemüse: Bohnen, Kohlarten, erste Möhren, Gurken, Tomaten, Zwiebeln, Lauch, Mangold etc.
- Auf abgeerntete Flächen, die nicht mehr bestellt werden, Gründüngung aussäen.
- Kräuter ernten und trocknen, einsalzen oder einfrieren.

- Heilkräuter für den Kräuterbuschen zu Mariä Himmelfahrt (15.8.) sammeln, da diese nach altem Glauben nun ihre stärkste Heilkraft haben.
- Zwiebeln der Madonnenlilie und der Kaiserkrone in den Boden bringen.
- Horste der Traubenhyazinthe teilen.
- Abgetragene Ranken bzw. Ruten sowie schwache Jungtriebe von Brombeeren, Taybeeren und Himbeeren entfernen.
- Beerensträucher mit Kompost oder verrottetem Stallmist düngen.

September

»Ist der September hell und klar, so hoffen wir auf ein fruchtbares Jahr.«
- Laufend Gemüse ernten: Kohlarten, Eissalat, Endivie, Mangold, Knollenfenchel, Pastinake, Zwiebeln, Paprika etc.
- Freigewordene Beete noch mit Gründüngung bestellen.
- Letzte Aussaaten von Gemüse vornehmen: Feldsalat, Spinat, Winterrettich, Steckrüben.
- Letzte Kopfdüngung auf Gemüse ausbringen.
- Lauch anhäufeln, um lange, weiße Schäfte zu erzielen.
- Die vorgezogenen zweijährigen Sommerblumen werden nun vom Frühbeet an ihren endgültigen Standort gesetzt.
- Einige Stauden können jetzt geteilt und verpflanzt werden: Goldfelberich, Mädchenauge, Schafgarbe, vor allem aber die empfindliche Pfingstrose!

- Samenstände von verblühten Stauden und Sommerblumen stehen lassen: Winterfutter für Vögel.
- Zugekaufte Stauden jetzt setzen, damit sie noch vor dem Winter einwurzeln.
- Jungtriebe von Brombeeren und Himbeeren am Gerüst aufleiten und befestigen.
- Buchs pflanzen.
- Kompost umsetzen, um die Verrottung zu fördern.
- Erste Apfel- und Birnensorten, Zwetschgen und Weintrauben ernten.
- Fallobst regelmäßig auflesen.

Oktober

»Vor Ursula (21.10.) muss das Kraut herein, sonst schneien Simon und Juda (28.10.) drein.«

- Erdmiete o.Ä. zur Einlagerung des Gemüses herrichten.
- Gemüse für die Einlagerung ernten: Rote Rüben, Gelbe Rüben, Sellerie, Weißkohl, Rotkohl, Wirsing, Chinakohl etc.
- Grünkohl, Rosenkohl, Feldsalat, Spinat, Pastinake und Porree können draußen bleiben.
- Restliches Gemüse (Endivie, Radicchio) mit Vlies vor den ersten Frösten schützen.

- Grüne Tomaten vor dem ersten Frost ernten und im Haus nachreifen lassen.
- Chicorée-Wurzeln für die Treiberei roden und frostfrei lagern.
- Zwiebeln und Knollen von Frühjahrsblühern in den Boden bringen: Krokus, Schneeglöckchen, Hyazinthen, Narzissen, Tulpen usw.
- Hauptpflanzzeit für Obstbäume nicht verpassen.
- Immergrüne Gehölze wie Buchs und Eibe vor den ersten Frostperioden gut wässern.
- Obst zur Einlagerung ernten.

Nach den ersten Frösten, die das Laub zerstören, wird die reichliche Kürbisernte sichtbar.

Winter: Gut Ding will Weile haben

Die Tage werden immer kürzer. Das Laub an den Bäumen ist verfärbt oder bereits abgefallen, und die ersten Nachtfröste sind übers Land gegangen. Die Vegetation ist zum Stillstand gekommen und bereitet sich auf ihre Ruhephase vor. Der Winter kann kommen, die Pflanzenwelt ist bereit. Wie durch ein Wunder wird im Frühjahr erneut neues Leben aus ihr hervorbrechen.

Der Winter ist da. Vom Raureif überzogene Rosen lassen eine ganz melancholische Stimmung aufkommen.

November

»Blühen im November die Bäume aufs Neu, währet der Winter bis zum Mai.«

- Gemüsebeete bis auf die überwinterungsfähigen Arten abräumen.
- Bei Bedarf (Bodenuntersuchung) Kalkdüngung ausbringen.
- Nicht winterharte Zwiebeln und Knollen (Dahlien, Begonien, Gladiolen, Montbretien etc.) spätestens nach dem ersten Frost aus dem Boden nehmen und an einem frostfreien, trockenen Ort überwintern.
- Abgeblühte ein- und zweijährige Sommerblumen als Flächenkompost auf den Beeten belassen oder abräumen und kompostieren.
- Stauden evtl. zurückschneiden.
- Kübelpflanzen einwintern.
- In rauen Gebieten den etwas empfindlicheren Stauden Winterschutz geben (vor allem im ersten Jahr wichtig): Indianernessel, Mohn, Rittersporn, Tränendes Herz.
- Bei schwerem Boden Gemüsebeete in ihrer Gesamtheit umgraben, dabei Ernterückstände, Gründüngungspflanzen, halb verrotteten Kompost oder Stallmist einarbeiten.
- Bei leichtem Boden kann auf das Umgraben verzichtet werden; dort lässt man die Gründüngung stehen und arbeitet sie erst im Frühjahr nach dem Abfrieren leicht unter.

Dezember

»Regnet's an St. Nikolaus (6. 12.), wird der Winter streng und graus.«

- Ernte von noch stehendem Gemüse wie Rosenkohl, Grünkohl, Porree, Steckrüben, Pastinake und Feldsalat.
- Gemüsemieten kontrollieren.
- Chicorée satzweise antreiben.
- Laufend Ideen für das folgende Jahr aufschreiben.

Januar

»Januar muss vor Kälte knacken, wenn die Ernte gut soll sacken.«

- Letzte Ernte von Rosenkohl, Spinat, Pastinake, Feldsalat, Grünkohl und Porree.
- Letzte Gemüsebeete umgraben, sofern sie nicht zu stark gefroren sind.
- Anbauplan erstellen, dabei jährlichen Fruchtwechsel beachten. Eingetragen wird:
  – Fruchtfolge mit der jeweiligen voraussichtlichen Kulturdauer,
  – Saatgut- und Jungpflanzenbedarf,
  – Nährstoffversorgung,
  – wichtige Kulturmaßnahmen.
- Saatgut bestellen.
- Letzte Stauden zurückschneiden.

Adressen, die Ihnen weiterhelfen

Stauden

Albrecht Hoch, Inh.: Irene Hoch
Importeur von Pflanzenspezialitäten
Potsdamer Str. 40
14163 Berlin-Zehlendorf
www.albrechthoch.de

Arends-Maubach
Staudengärtnerei Anja Maubach
Monschaustr. 76
42369 Wuppertal
www.arends-maubach.de

Der Blumenzwiebelversand
Bernd Schober
Stätzlinger Str. 94 a
861165 Augsburg
www.der-blumenzwiebelversand.de

Friesland Staudengarten
Uwe Knöpnadel
Husumer Weg 16
26441 Jever/Rahrdum
www.friesland-staudengarten.de

Gaissmayer, Dieter
Staudengärtnerei
Jungviehweide 3
89257 Illertissen
www.stauden-gaissmayer.de

Gräfin von Zeppelin,
Staudengärtnerei
79295 Sulzburg-Laufen
www.graefin-v-zeppelin.com

Jelitto Staudensamen
Am Toggraben 3
29690 Schwarmstedt
www.jelitto.com

Klose, Staudengärtnerei
Rosenstr. 10 (Gärtnersiedlung)
34253 Lohfelden bei Kassel
www.staudengaertner-klose.de

Simon, Werner
Sortiments- und Versuchsgärtnerei
Staudenweg 2
97828 Marktheidenfeld
www.gaertnerei-simon.de

Zur Linden, Peter und Bärbel
Linner Kirchweg 2
49143 Bissendorf, OT Linne
www.zur-linden-stauden.de

Kreß, Christian, Staudengärtnerei
A-4974 Ort/Innkreis
www.sarastro-stauden.com

Ernst Meier AG
Gartencenter-Staudenspezialitäten
Florastr. 12
CH-8632 Tann-Rüti ZH
www.meier-ag.ch

Alte Rosen

Rosengärtnerei Kalbus
Hagenhauser Hauptstr. 112
90518 Altdorf
www.rosen-kalbus.de

W. Kordes & Söhne
Rosenstr. 54
25365 Klein Offenseth/Sparrieshoop
www.kordes-rosen.de

Werner Noack
Im Waterkamp 12
33334 Gütersloh
www.noack-rosen.de

Bioland Rosenschule Ruf
Zum Sauerbrunnen 35
61231 Bad Nauheim-Steinfurth
www.rosenschule.de

Rosenhof Schultheis
61231 Bad Nauheim-Steinfurth
www.rosenhof-schultheis.de

Alte Obstsorten

Artländer Pflanzenhof
Spezialversand für Obstgehölze
Baumschulenweg
49610 Quakenbrück
www.pflanzenhof-online.de

Baumschule Alte Obstsorten
Waldweg 2/Winderatt
24966 Sörup
www.alte-obstsorten.de

Baumschule Brenninger
Hofstarring 57
84439 Steinkirchen
www.brenninger.de

Baumschule Ganter
Forchheimer Str./Baumweg 2
79369 Wyhl am Kaiserstuhl
www.obstbau.de

Buchs-Sorten

Anzuchtbaumschule Atrops
Feldstr. 12
47509 Rheurdt
www.baumschule-atrops.de

Baumschule Lorenz von Ehren
Mahlfeldstr. 4
21077 Hamburg
www.lve.de

Baumschule Huben
Schriesheimer Fußweg 7
68526 Ladenburg
www.huben.de

Baumschule Martens
Hofstr. 2a
26655 Westerstede/Hoheliet
www.baumschule-martens.de

Saatgut

Für alte Gemüsesorten, Heilkräuter, Stauden,
Ein- und Zweijährige

Blauetikett Bornträger GmbH
In den Aspen
Postfach 28
67591 Offstein
www.blauetikett.de

Dreschflegel
Sämereien aus biologischem Anbau
Postfach 12 13
37202 Witzenhausen
www.dreschflegel-saatgut.de

Bruno Nebelung GmbH & Co.
Freckenhorsterstr. 32
48351 Everswinkel
www.kiepenkerl.de

Carl Sperling und Co.
Postfach 26 40
21316 Lüneburg
www.sperli.de

Syringa Duft- und Würzkräuter
Bernd Dittrich
Bachstr. 7
78247 Hilzingen-Binningen
www.syringa-samen.de

Thompson & Morgan Samenversand
Postfach 1069
36243 Niederaula
www.thompson-morgan.com

Thysanothus Samen-Versand Uwe Siebers
Schulweg 21
28876 Oyten
www.thysanotus-samenversand.de

De nieuwe tuin Peter Bauwens
Besondere Gemüsesamen und Pflanzen
Trompweg 27
B-9170 De Klinge

Kübelpflanzen

Christoph und Maria Köchel
Königsgütler 5
84072 Au/Hallertau
www.floramediterranea.de

Ziergehölze

Lorenz von Ehren
Maldfeldstr. 4
21077 Hamburg
www.lve.de

Hauenstein AG Baumschulen
Landstr. 42
CH-8197 Rafz ZH
www.hauenstein-rafz.ch

Wilhelm Ley GmbH Baumschulen
Baumschulenweg 20
53340 Mecklenheim
www.Ley-Baumschule.de

Bauerngärten im Freilichtmuseum

Nahezu jeder Regierungsbezirk in Deutschland und in Österreich betreibt ein Freilichtmuseum, in dem mehr oder weniger intensiv auch historische Bauerngärten, deren Gestaltungsformen und Pflanzen vorgestellt werden, zum Beispiel in:

14195 Berlin-Dahlem
21039 Hamburg-Altona
21682 Stade
26160 Bad Zwischenahn
29413 Diesdorf
32760 Detmold
49661 Cloppenburg
74523 Schwäbisch Hall
82439 Glentleiten/Großweil
83123 Amerang
84323 Massing
88427 Bad Schussenried
91438 Bad Windsheim
sowie in Österreich in Salzburg-Großgmain und Kramsach/Tirol.

Bitte erkundigen sie sich selbst nach Schwerpunkten, Veranstaltungen und Öffnungszeiten. Das gesamte, jeweils aktualisierte Verzeichnis finden Sie auf den Internetseiten www.freilichtmuseen.de oder www.vl-freilichtmuseen.de.

Organisationen für alte und gefährdete Pflanzen

Boomgarden-Projekt Eckart Brandt
Im Moor 1
21712 Großenwörden
www.boomgarden.de

Bundesanstalt für Züchtungsforschung an Kulturpflanzen
Institut für Obstzüchtung
Pillnitzer Platz 3a
01326 Dresden

Deutsche Gesellschaft für Gartenkunst und Landschaftskultur e.V.
Arbeitskreis Historische Gärten
Klaus von Krosigk
Motzstr. 60
10777 Berlin

Fachhochschule Weihenstephan
Landwirtschaftliche Lehranstalten Triesdorf
Obstlehrgarten
91746 Weidenbach

Fördergemeinschaft regionaler Streuobstbau
Bergstrasse-Odenwald-Kraichgau (FÖG)
c/o Hilmar Grzesiak
Zuzenhauser Str. 38
74909 Meckesheim

VEN Verein zur Erhaltung der Nutzpflanzenvielfalt e.V.
Ursula Reinhard
Sandbachstr. 5

38152 Schandelah
www.nutzpflanzenvielfalt.de

Rainer Rausch
Arbeitskreis Historische Obstsorten der Pfalz
Bahnhofstr. 13a
67126 Hochdorf-Assenheim

Österreich

Arche Noah
Gesellschaft zur Erhaltung und Verbreitung der Kulturpflanzenvielfalt
Obere Str. 40
A-3553 Schiltern
www.arche-noah.at

Literatur

Birne, A., 2006: Alte Stauden neu entdeckt Goldlack, Mondviole & Himmelsleiter Münster-Hiltrup: Landwirtschaftsverlag

Bocksch, M., 2007: Das praktische Buch der Heilpflanzen. München: BLV Verlag

Brockpähler, R. 1985: Bauerngärten in Westfalen. Münster: Coppenrath

Ficker, F., 1975: Mittelalterliche Quelle zur Geschichte des Bauerngartens. Freudeskreisblätter Freilichtmuseum Südbayern, 3, S. 25–33

Franz, G., 1984: Geschichte des deutschen Gartenbaus. Suttgart: Ulmer Verlag

Grießmair, B., Kompatscher, A., 1987: Vielgeliebter Bauerngarten. Bozen: Athesia Verlag

Hauser, A., 1976: Bauerngärten der Schweiz, Ursprünge, Entwicklung u. Bedeutung. Zürich, München: Artemis Verlag

Hochegger, K., 2006: Bauerngärten Altes Wissen neu entdeckt Wien: Österreichischer Agrarverlag

Hohenberger, E., 1988: Der Bauerngarten im Wandel der Zeit. Informationschrift des Bayerischen Landesverbandes für Gartenbau und Landschaftspflege. München: Obst- und Gartenbauverlag

Kirchhoff, H.: Christi Himmelfahrt bis Sankt Martin im christlichen Brauchtum, Kösel-Verlag, München, 1986.

Lorey, H., 2005: Gemüse für Garten und Küche wieder entdeckt. Münster-Hiltrup: Landwirtschaftsverlag GmbH

Mäckeler, M., 1990: Fruchtbarer Gartenboden durch richtige Bodenpflege und Düngung. Berlin, Hamburg: Parey Verlag

Marzell, H., 1937: Bauerngarten u. Bauernpflanzen. Deutsches Volkstum, 6, S. 125–154

Marzell, H., 1922: Unsere Heilpflanzen, ihre Geschichte und ihre Stellung in der Volkskunde – Ethnobotanische Streifzüge. Freiburg im Breisgau

Nebelthaus, O., 1936: Der autarke Garten. Velhagen und Klasings Monatshefte, S. 169–171, Berlin, Bielefeld

Nickig, M., Rau H., 1995: Vom Nutzen schöner Gärten. Hamburg: Ellert und Richter Verlag

Niller, E., 1990: Der große und der kleine Gemüsegarten: Naturgemäßer Anbau von Gemüse, Gewürzkräutern und Pilzen. Berlin, Hamburg: Parey Verlag

Pahlow, M., 1979: Das große Buch der Heilpflanzen. Gesundheit durch die Heilkräfte der Natur. München

Scherf, G., 2006: Wildpflanzen neu entdecken. München: BLV Verlag

Titze, P., 1982: Liebe, Mist und Rote Rüben. Bauerngärten – die stillen Refugien lebenskräftiger Pflanzen. Zeit-Magazin, 27, Hamburg: Die Zeit

Unterweger, W.-D., u. U., 2006: Die Bauerngärtnerin -Erfahrungen, Weisheiten, Ratschläge. Rosenheim: Rosenheimer Verlagshaus

Widmayer, C., 1984: Alte Bauerngärten neu entdeckt. München: BLV Verlag

Wieland, D., 1984: Bauen und Bewahren auf dem Lande. Bonn

Über die Autorin

Bärbel Steinberger lebt mit ihrer Familie auf einem Einödhof in Niederbayern. Sie studierte Gartenbau an der FH Weihenstephan und ist seit 15 Jahren als selbstständige Gartenplanerin tätig. Ihre Liebe gilt den ländlichen Gärten, vor allem aber den Bauerngärten, mit denen sie sich schon in ihrer Diplomarbeit befasste. In Vorträgen und Seminaren begeistert sie Gartenfreunde mit ihrer Leidenschaft für Pflanzen.

Stichwortverzeichnis

Ziffern mit * verweisen auf Abbildungen.

Danksagung der Autorin

Mein herzlicher Dank gilt allen, die an diesem Buch mitgewirkt haben. Auch meinem Mann und meinen Töchtern Lena, Maria und Barbara möchte ich an dieser Stelle Dank sagen für ihr Verständnis, ihre Geduld und ihre stete Unterstützung.

Bibliographische Information der Deutschen Bibliothek

Die Deutsche Bibliothek verzeichnet diese Publikation in der Deutschen Nationalbibliographie; detaillierte bibliographische Daten sind im Internet über http://dnb.ddb.de abrufbar.

2., überarbeitete Auflage, Neuausgabe

BLV Buchverlag GmbH & Co. KG
80797 München

© 2009 BLV Buchverlag GmbH & Co. KG, München

Bildnachweis:
akg-images 12, 14; Bischof, Harry/ Stockfood 141; Borstell 18, 26u, 27m, 28o, 28ur, 34, 37, 40, 46u, 47u, 51l, 51r, 53o, 61, 62o, 66r, 68, 70, 73o, 73u, 74o, 75o, 88, 89or, 102r, 103, 104, 106, 126u, 146, 152; Borstell/Rhulenhof 119o; Breckwoldt 36; Bross-Burkhardt 122o; Capitulare de Villis 10; Ellert, Luzio/ Stockfood 137 ; GBA/Nichols 57u ; Hagen 44o; Hartmann 97u; Kühn U. 109; Newedel, Karl/ Stockfood 142; Nickig 2/3, 6, 17o, 21, 22, 25, 29l, 29r, 30, 31, 43, 46o, 49, 50, 52u, 56, 58u, 63ol, 65o, 78o, 101, 102l, 133, 134u, 154; Pforr 26o, 27o, 44u, 63u, 95, 96u, 105, 110, 153; Pinske 148; Redeleit 28ul, 59, 66l, 78u, 116l, 131, 136, 149; Reinhard 4, 11, 19, 27u, 32, 38, 42u, 48, 57o, 65u, 67, 71o, 72o, 76o, 76u, 77, 86o, 89ol, 89u, 90, 94u, 94o, 96o, 99o, 99u, 107o, 111, 112, 115, 116r, 118, 119u, 122u, 126o, 127, 128, 132, 135, 138, 139, 143, 151; Rogers 1, 5, 20, 82, 83o, 144; Ruckszio 52o, 79o; Seidl 74u; Stangl 113; Stein 33, 129, 150; Steinberger 13, 15, 16, 41, 42o, 45o, 45u, 47o, 53u, 58o, 62u, 63or, 64u, 71u, 75u, 83u, 84, 86u, 87, 97o, 107u, 121, 124, 134o, 140, 147; Strauß 8, 26m, 64o, 72u, 85, 117, 130; Sulzberger 79u
Grafiken: Sylvia Bespaluk; Vignetten: Heidi Janiček

Umschlagfotos: Vorderseite: Reinhard; Rückseite: Gary Rogers
Lektorat: Dr. Thomas Hagen, Dr. Eva Dempewolf, Anita Heidenfelder
Herstellung: Ruth Bost
Layoutkonzept Innenteil: fuchs_design, Ottobrunn
Layout und Satz: Uhl + Massopust, Aalen

Gedruckt auf chlorfrei gebleichtem Papier

Printed in Germany · ISBN 978-3-8354-0563-9

Traumhafte Landhausgärten: opulente Bilder & handfeste Praxis

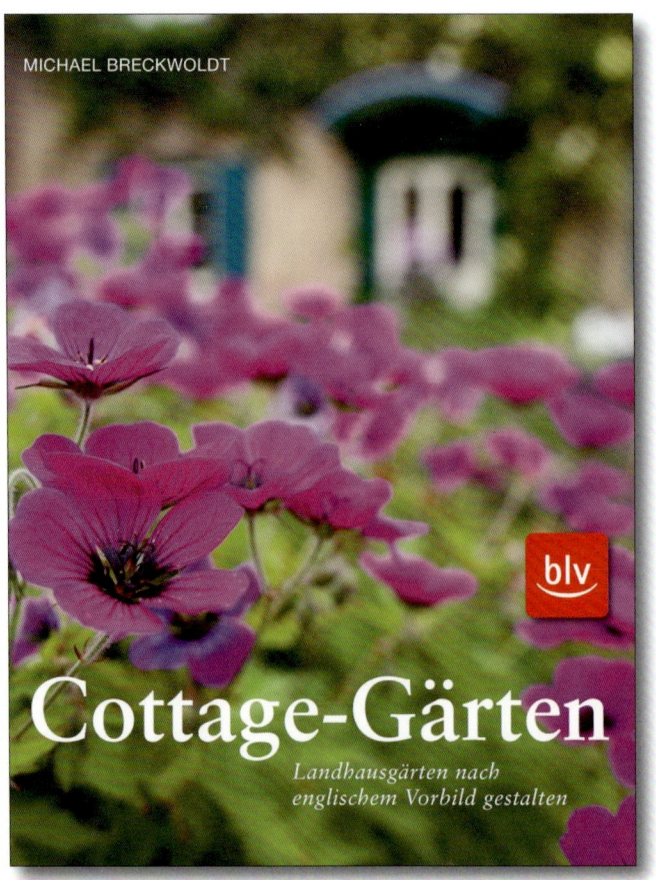

Michael Breckwoldt:
Cottage-Gärten
Der inspirierende Bildband mit Praxisnutzen · Geschichte und typische Gestaltungselemente der Cottage-Gärten · Porträts geeigneter Pflanzen speziell für unsere Klimaverhältnisse · Verwendung, Pflanzpläne, Pflege · Konkrete Gestaltungsbeispiele mit Plänen und Fotos.
ISBN 978-3-8354-0446-5

Bücher fürs Leben.